反垄断法的国际冲突与协作

程　璐　著

西南交通大学出版社
·成都·

图书在版编目（CIP）数据

反垄断法的国际冲突与协作 / 程璐著. —成都：
西南交通大学出版社，2017.8
ISBN 978-7-5643-5271-4

Ⅰ. ①反… Ⅱ. ①程… Ⅲ. ①反垄断法－研究 Ⅳ.
①D912.290.4

中国版本图书馆 CIP 数据核字（2017）第 202991 号

反垄断法的国际冲突与协作　程　璐　著
责任编辑　赵玉婷
封面设计　原谋书装

印张　11.5　字数　189千
成品尺寸　165 mm × 230 mm
版次　2017年8月第1版
印次　2017年8月第1次
印刷　成都勤德印务有限公司
书号　ISBN 978-7-5643-5271-4

出版发行　西南交通大学出版社
网址　http://www.xnjdcbs.com
地址　四川省成都市二环路北一段111号
西南交通大学创新大厦21楼
邮政编码　610031
发行部电话　028-87600564　028-87600533
定价　58.00元

前言
Preface

进入新千年，经济全球化继续深入发展，跨国经济势力日益强大。但在反垄断法领域的国际协作却仍然有限。各国的单边主义反垄断思想将大量存在的跨国经济活动人为割裂。现行反垄断法律体系呈现出无法解决反垄断法国际冲突的不足。在这一国际形势下，反垄断法国际协作的难题已无从回避。本书通过厘清反垄断法国际冲突的原因和表现，并对反垄断法国际协作的现有成果和尝试进行分析，提出了反垄断法多边协作机制的构建模式。

本书共分五章，采用了比较法学方法、社会法学方法、解释法学方法、案例研究方法、历史分析方法、归纳和演绎等论证方法。主要内容如下：

第一章围绕反垄断法国际冲突的原因展开，认为反垄断法的内在特征是造成反垄断法国际冲突的原因。首先，反垄断法具有价值多元化的特征，竞争秩序、竞争自由、经济效率和实质公平均为反垄断法的法价值追求。反垄断法价值天然的冲突在实践中体现为不同的社会背景和历史环境下侧重于不同的法价值，因此，在国际环境下，不同国家和地区的不同法价值追求必定导致反垄断法制度和规则上的冲突。其次，反垄断法具有政策性，反垄断法内部的政策空间为产业政策、贸易政策等国家经济管理政策的实施提供了反垄断法支持。这一契合国家短期经济利益的做法产生的副产品就是可能出现的反垄断法价值目标背离，以及非理性的反垄断法国际冲突。最后，反垄断法具有公法性。故而国际视野下的反垄断法受到国际公法的影响。各国对于主权理念的不同理解成为反垄断法国际冲突和单边主义盛行的重要原因。

第二章对反垄断立法中的三种主要规制对象进行分析，以期明确反垄断法国际冲突的现状。其中，限制竞争协议是一种被反垄断法概括禁止的行为，但在禁止原则的适用以及应禁止限制竞争行为的豁免制度上，各国存在显著冲突，从而导致国际卡特尔成为对世界经济具有巨大影响力的商业现象。滥用市场支配地位是被禁止的违法垄断行为，但由于各国对于禁止原则和标准的把握并不明晰，滥用市场支配地位行为的认定在各国差异显著，以至于造成霍尼韦尔案这样的国际纠纷。企业并购的反垄断控制制度不但存在和上述两种行为类似的评估标准冲突现象，还受到尤为显著的政策影响。波音—麦道并购案是企业并购反垄断国际冲突的集中体现。

第三章探讨了反垄断法实施机制冲突，主要包括域外管辖权、反垄断法实施程序冲突和制裁手段冲突三方面内容。其中，域外管辖权在无限扩大一国反垄断法的管辖范围的同时，招致其他国家以外交抗议、立法和判例法等途径予以反对。双方之间的管辖权拉锯战是反垄断法实施机制国际冲突的重要表现。当今反垄断法实施程序中存在不同的权力核心设计，包括行政权与司法权的分权以及区域组织与主权国家的分权。不同的程序侧重点导致反垄断法的程序性冲突以及有关协作工作的跨度和难度上升。反垄断法的制裁手段包括刑事制裁、行政制裁和损害赔偿。对于反垄断法规制对象来说，各国不同的制裁立法和使用习惯会导致同一垄断行为受到不同的制裁或者重复的制裁。

第四章对现有的反垄断法国际协作成果与尝试进行分析，认为现有的双边协作、区域性协作以及多边协作均不能充分地化解反垄断法国际冲突。强调反垄断法国际化的趋势以及全球性反垄断法多边协作机制的重要性和必要性。

第五章构建了反垄断法多边协作机制。首先分析了构建这一机制所存在的障碍与动力，认为无论是从国家、企业还是消费者的角度来看，构建反垄断法多边协作机制虽然不可能在短期内完成，但是努力和协商的方向已经明确。在现有的法律条件和社会基础上，反垄断法多边协作机制可供选择的路径包括现存国内反垄断法律模式的泛化、反垄断问题与国际组织协作平台的融合以及国际竞争网络模式的发展。其中，国际竞争网络模式的发展被认为是逾越机制障碍和时间障碍的最优选择。在这一路径前提下，提出非歧视性原则、透明度原则、发展中国家特殊待遇原则和国际合作原则四项原则建议以及关于机构设置形式与职能的建议。

作　者

2017 年 3 月

目录
Contents

绪 论

反垄断法[①]在市场经济国家中占有十分重要的地位，它维护自由竞争，调整与市场有关的产业结构与行为，因此，反垄断法在西方享有“经济宪法”“自由企业的大宪章”的美誉。在现代反垄断法产生以来的百年间，世界已有 100 多个国家制定了反垄断法，我国也于 2007 年 8 月 30 日公布了《反垄断法》。但是，随着经济全球化程度的加深，以及受到市场国际化和竞争国际化的影响，跨国垄断行为日益增多，传统的国内公法性质的反垄断法在规制跨国垄断行为时显现不足。各国反垄断法在立法内容与实施机制方面的显著差异，令其在经济全球化背景下运行时，不可避免地发生国际冲突。就国际冲突问题，民商法领域的国际冲突固然是法学研究的焦点，但公法会造成国际法律冲突已是不争的事实。从反垄断法的角度来看，已经存在国际反垄断法律规范与国内反垄断法律规范的冲突和内国与外国反垄断法律规范发生冲突的表现。这两类表现形式的冲突均既包括立法冲突又包括法律实施冲突。其中，立法冲突表现为静态的法律规范本身的冲突，即法律规范之间的矛盾、抵触；法律实施冲突表现为动态的法律适用过程中的冲突，即书面的法律规范在适用于现实存在的某个法律关系时所出现的矛盾、抵触。

构建全球性多边协作机制的必要性及可操作性与世界各国（地区）反垄断法冲突现状和缘起是一个硬币的两面，因此，协调反垄断法冲突的国际法发展成为必然。早在 20 世纪 90 年代，国际上有关反垄断法国际协作的讨论即已如火如荼。近年来，由于跨国限制竞争案件的数目增多，以及竞争政策作为世界贸易组织谈判框架下的新议题引起了广泛重

① 反垄断法是理论上的概括性概念，其在各国的立法实践当中有不同的具体称谓。在美国反垄断法被称为反托拉斯法；在欧盟国家，反垄断法通常被称为竞争法；日本则称之为公平交易法（又称禁止垄断法）；德国称之为卡特尔法；澳大利亚称之为限制性贸易做法法（restrictive trade practice law）。本文在涉及各国家和地区反垄断法时，除少数特定引证语境以外，一律统称反垄断法，以表达其国（区域）内反垄断法律体系之意。

视，反垄断法协作的讨论已经进一步发展为各种形式的国际实践。双边、多边合作及区域化协作都在不断加强，达成一项全球性多边反垄断法国际协作的安排已被纳入学术界以及政府间国际组织的议事日程之中。

我国作为一个实施市场经济体制历史较短、反垄断法立法及实施机制尚有待在实践中进一步完善的国家，仍然面临协调我国反垄断法与外国反垄断法在实施中产生的冲突，以及参与到反垄断法国际协作当中的问题。相对于反垄断法理论与实践经验都更为丰富的西方国家，我们尤其要对这些问题加以重视。但就国内现存的有关文献来讲，虽然也不乏对反垄断法国际冲突与协作问题的研究，但总体来说还是较为分散，不够深入。因此，本书力求对反垄断法国际冲突问题进行系统分析，全面展现反垄断法国际冲突的现状，并在此基础上，对反垄断法国际合作内容进行评析并提出有益的建议。

第一章　反垄断法国际冲突的缘起

百余年来，反垄断法从无到有，成为现代市场经济社会最重要的法律制度之一。但从反垄断法的历史来看，其最初仅为一项用以对付国内限制竞争行为的经济立法。反垄断法是随着国际经济交往的飞速发展，国内反垄断实施机构越来越多地卷入到国际反垄断案件中，才出现了立法之初未曾考虑的反垄断法国际冲突问题。冲突的根源，在于垄断现象对各国经济利益的巨大影响力以及由此带来的滋长其他社会问题的能力所引发的国家利益碰撞。在利益争夺的夹缝中，反垄断法发展形成了自身的固有特性。这些特性促成了反垄断法国际冲突的产生。首先，反垄断法追求多元的法价值目标，使得各国反垄断法之间出现价值目标冲突成为可能。各国反垄断法价值目标追求的侧重点互有不同，导致各国反垄断法对同一垄断现象作出不同的价值目标取舍，并由不同的价值目标追求传导得出不同的反垄断法制度和规则。在处理国际垄断问题时，牵涉各方不同的反垄断法价值目标追求和制度、规则，令反垄断法国际冲突成为必然。其次，反垄断法显著地受到政策目标的影响。在和平与发展的世界主题下，国家经济利益跃升国家利益的首要位置，国家经济管理政策的重要性凸显，产业政策、贸易政策等国家经济管理政策对反垄断法立法和实施的影响力表现得尤为显著。由于国家经济管理政策的本质是国家经济利益，各国基于自身经济利益考虑而制定实施的某些经济管理政策甚至会损害国际竞争良性发展和国际福利整体提高，因此，各国经管政策的介入令反垄断法国际冲突更为复杂。再者，反垄断法具有公法特性，致使各国处理反垄断问题时存在严重的单边主义思维定式，主权保护与国际协作的冲突在反垄断法领域表现显著。

第一节　反垄断法价值目标冲突

“在我们能够给以下问题做出肯定回答之前，反垄断法不能说是有理性的：什么是该法的核心——该法的目标是什么?一切事情取决于我们给出的答案……只有当目标问题解决了，形成一个一致的实体规则才是可能的。”[①]美国著名反垄断法专家博克在 20 世纪 70 年代所提到的问题现仍是反垄断立法及实施不可避免的尴尬——反垄断立法目标往往兼顾多项涵盖内容极广且相互冲突的法价值目标，这致使反垄断法的具体立法与法律实施工作总是在各项反垄断法价值目标之间艰难抉择，进而总是试图在这些互有冲突的法价值目标中找寻最优价值或者排列反垄断法价值目标的位阶。

一、反垄断法的多元价值目标

马克思主义价值观认为，“‘价值’这个普遍的概念是从人们对待满足他们需要的外界事物的关系中产生的”[②]。价值就是客体能够满足主体需要的积极意义。法的价值就是法这个客体对满足个人、群众、阶级社会需要的积极意义。有学者进一步指出：“秩序、自由、正义和效益应作为法律的基本价值。”[③]对于反垄断法来说，除了具有上述价值特征，还具有其作为经济立法的自身特色。百余年来，欧美政治家、法务工作者、学者对反垄断法的价值有过许多见解和论述，归纳起来主要有自由、民主、公平、效率、对付通货膨胀、保障国家安全、提供社会保障等学说。[④]国内学者对反垄断法的价值问题也有不同的认识。有学者认为，反垄断法的基本价值在于自由、公平、民主。[⑤]也有学者认为，自由、有序的竞争秩序是反垄断法的基本价值目标，社会整体效率与社会实质公平是反垄断法的根本价值目标。[⑥]也有学者认为，社会整体效率与社会实质公平是反垄断法的基本价值，在特定情况下确实需要选择出一个更优先的价

① Robert H. Bork, *The Antitrust Paradox: A Policy at War with Itself*, Basic Books, Inc. Publishers, 2004, p.51.

②《马克思恩格斯全集》第 19 卷，人民出版社 1964 年版，第 406 页。

③ 张文显：《法学基本范畴研究》，中国政法大学出版社 1993 年版，第 254-256 页。

④ 郑鹏程：《欧美反垄断法价值观探讨——兼评〈中华人民共和国反垄断法（草案）〉第 1 条》，载《法商研究》2007 年第 1 期（总第 117 期），第 96 页。

⑤ 同上，第 102 页。

⑥ 吴宏伟、魏炜：《论反垄断法的价值目标》，载《法学家》2005 年第 3 期，第 98 页。

值目标时，公平正义目标应当优先于效率目标。[①]还有学者认为，反垄断法的价值目标冲突体现为公平与效率之争，应以自由统合公平与效率，实现对公平与效率价值观的继承和超越。[②]总的来说，反垄断法负载多重法价值目标已无可争议。这些法价值目标至少包括：竞争秩序、竞争自由、经济效率和实质公平。

（一）竞争秩序

"任何社会的法，总意味着某种理性和秩序。"[③]法的秩序价值是其他法律价值存在的基础，对于反垄断法来说，也是如此。反垄断法的意图在于，以规制垄断和限制竞争行为的方式来调整竞争关系，进而创设和维护一定的竞争秩序。这种秩序由反垄断法创设和维护，是市场经济发展到一定高度的产物，是商品经济滋长的传统民法秩序对社会经济生活的调控作用显现不足的情况下，出现的新兴的"法秩序"。这一法秩序相对于强调契约自由、私权绝对、人格平等的传统民法秩序，强调国家对社会经济生活的干预，以及对传统民法秩序所遵循的基本原则的限制。因为，垄断化是以现代市民法为媒介施行的，垄断无非是根据契约自由而限制了竞争。这种情形下，既要抑制垄断，又要维护自由竞争经济的双重要求循环反复，在强烈的现实需求的挤压中滋生了与现代市民法秩序不同的竞争秩序等新兴法秩序。[④]

对竞争秩序内涵的理解，首先在于"竞争"概念的把握。所谓竞争，从不同的角度看，存在不同的理解，但其首先是一个经济学范畴。因此，"竞争"的法学界定被打上了深深的经济学烙印。例如，《牛津法律大辞典》[⑤]将"竞争"定义为"一种与垄断相反的经济形式：就某些特定的货物和劳务而言，存在着大量潜在的供应者和大量潜在的消费者，从而致使双方之中没有人能独自控制货源、价格或者其他市场因素"。历史的看，从 1890 年《谢尔曼法》诞生以来，反垄断法中的"竞争"概念就与

---

① 王先林：《论反垄断法的基本价值》，载《安徽大学学报》2002 年 11 月，第 17 页。

② 李剑：《论反垄断法的价值取向》，载《法制与社会发展》2008 年第 1 期，第 13 页。

③ 沈宗灵：《法理学》，高等教育出版社 1994 年版，第 46 页。

④ [日]金泽良雄：《当代经济法（中文版）》，辽宁人民出版社 1988 年版，第 24 页。

⑤《牛津法律大辞典》，光明日报出版社 1988 年版，第 190 页。

经济学上的竞争理论变迁息息相关。19世纪后半叶以来对现代经济社会产生过巨大影响的完全竞争理论、不完全竞争理论和有效竞争理论等经济理论就分别更新着当时反垄断法中的“竞争”概念，进而影响着各国反垄断法的立法标准与执法习惯。例如，19世纪末，在完全竞争理论占据统治地位的时代，政府“守夜人”的形象深入人心，即使美国国内强大的政治、经济压力促成了《谢尔曼法》的通过，但《谢尔曼法》本身却无法隐藏其缺乏经济理论支撑的特征，其立法条文目标模糊、欠缺可操作性，实际无法起到遏制经济力量的集中的作用。事实上，在那个崇尚“充分、自由竞争的年代”，《谢尔曼法》的出台并没有减缓美国社会经济力量集中深化的步伐。但是，即使在不同的国家，或者同一国家的不同时期，反垄断法立法和实施中所理解的竞争概念也是差异显著，导致反垄断法对于竞争秩序的保护存在不同甚至矛盾的表象，但竞争秩序却始终是反垄断法所保护的对象。

在这里需要强调的是，虽然“竞争”概念是理解竞争秩序价值的不变内核，但竞争本身并不是反垄断法的特有价值[①]。会出现将竞争本身视为反垄断法价值的误解可能与各国反垄断法的立法目的条文表述有关。在反垄断法的立法目的表述中，往往不可能绕过竞争，但却不一定明确指出秩序。但是，从法价值的角度看，竞争价值与竞争秩序价值之间差之毫厘，谬以千里。首先，法律的基本价值内容包括效益、自由、秩序、公平等，反垄断法保护竞争的实质在于保护由反垄断法创设或认可的一定的竞争秩序。因此，竞争秩序价值既未超出法价值的基本范畴，又是反垄断法所独有的价值特征。而竞争本身，仅仅是一个经济学范畴，不是一种法价值。其次，法价值是一个主观范畴，而竞争是一种客观存在。如前所述，竞争是“一种与垄断相反的经济形式”[②]，其本质在于竞争者追逐利益最大化和对己有利的经济地位。竞争是市场经济中客观存在的一种现象。经济学家对竞争的研究过程，是一个透过客观现象发现客观规律的过程。关于竞争的经济理论的发展过程，是人们对于客观规律的认识逐步深化的过程。而竞争秩序作为一个评价客观现象的主观范畴，不存在绝对的真理，也绝不仅仅是以“利益最大化”为唯一的评价标准。

① 有学者认为，竞争本身就是反垄断法的基本法价值。见曹士兵：《反垄断法研究》，法律出版社1996年版，第24页。

②《牛津法律大辞典》，光明日报出版社1988年版，第190页。

究竟是市场自发的竞争秩序更合理，[①]还是遵循“建立原则”和“调整原则”[②]创制的竞争秩序更符合人类的需求，是一个见仁见智的问题。事实上，今天的反垄断法在不断追求竞争秩序价值的过程中，往往限制了竞争。例如，在微软反垄断案中，美国上诉法院认为，尽管微软的做法损害了弱小的竞争者，但消费者从中受益，而消费者的利益最大化对整体经济有利，故应推翻下级法院的裁决，裁定微软的做法不属于反垄断法禁止的行为。这一有利于垄断企业的裁决被认为是限制了竞争，但至少在美国上诉法院看来，其裁决维护了竞争秩序。

（二）竞争自由

在古希腊、古罗马时期，人们已经开始使用“自由”一词，尽管当时没有对“自由”加以系统的解释，但是却可以看出“自由”一词有着悠远的历史，是人类始终的向往。“法律只是在自由的无意识的自然规律变成有意识的国家法律时，才成为真正的法律。哪里法律成为实际的法律，即成为自由的存在，哪里法律就成为人的实际的自由存在。”[③]在西方社会，人们普遍认为，竞争自由正是反垄断法最基本、最直接的价值。[④]早在英国1624年《垄断法》（*The Statute of Monopolies*）颁布实施以前，英国法院就在1602年的一件反垄断案中提出了“特许生产任何产

① 哈耶克将秩序类型区分为独立于人之计划和人之行动之外的自然秩序、由人之计划或设想建构的计划秩序以及独立于人之计划外、在人之行动作用下偶然生成的自发秩序三种类型。自发秩序处在“自然”和“人为”之间，它既不是设计的结果，也不是发明的结果，而是人之行动的非意识的产物，产生于诸多并未明确意识到其所作所为会有如此结果的人的各自行动。参见[德]格尔哈德·帕普克：《知识、自由于秩序》，中国社会科学出版社2001年版；哈尔蒂·布荣：《自发社会秩序和文化进化》，中国社会科学出版社2001年版，第112页。[英]F. A. 哈耶克：《自由秩序原理》，邓正来译，三联书店1997年版，第113页。

② [德]瓦尔特·欧根：《经济政策原理》，李道斌译，上海人民出版社2001年版，第34页。

③ 马克思：《第六届莱茵省议会的辩论（第一篇论文）》，载《马克思恩格斯全集（第1卷）》，人民出版社1995年版，第176页。

④ 郑鹏程：《欧美反垄断法价值观探讨——兼评《中华人民共和国反垄断法（草案）》第1条》，载《法商研究》2007年第1期（总第117期），第102页。

品的排他性权利乃是对普通法及臣民自由的侵犯”的观点。美国联邦最高法院布莱克（Black）法官在 1958 年北太平洋铁路公司案（Northern Pacific Railway Company et al .v. United States）中述及：“《谢尔曼法》是经济自由的大宪章，其目的在于维护贸易规则的自由和不受束缚的竞争。”[①]同为美国联邦最高法院法官的马歇尔（Marshall）在 1972 年特普客协会案（United States v. Topco Associates，Inc.）中又作了相似的论述：“反托拉斯法，特别是《谢尔曼法》，是自由企业之大宪章。它们对于经济自由和自由企业制度之保护，与权利法案对于我们基本个人自由之保护同样重要。每个个人、所有企业不分大小都被保证享有的自由是参与竞争的自由，是主张活力、想象力、热情和创造力以及利用可以集合的经济元素的自由。”[②]

在反垄断法价值理论中，竞争自由价值有其特有的含义。首先，反垄断法所追求的竞争自由价值，是顺应社会发展潮流，对自由价值内涵的丰富。市场经济中的参与个体无差别的享有产业自由，当少数参与个体在市场竞争中的活动严重损害了他人的竞争自由时，无论其行为是否属于传统民法保护的自由范畴，都应视为自由权利的滥用，应当受到法律控制乃至被禁止。从另一个角度看，反垄断法作为保护竞争自由的法律制度，也注定无法避免与契约自由、财产处置自由等其他体现自由价值的有关法律制度的矛盾冲突与权衡比较。其次，人生而向往自由，在市场经济社会，竞争自由是构成个人自由不可或缺的内容。在市场经济条件下，无论是个人能力的提升，还是个人价值的体现，都离不开市场，市场中的竞争自由是个人努力获得回报的重要保障。英国著名社会学家和哲学家霍布豪斯认为，私有财产的多寡决定个人享有自由的程度，财产权是自由的重要基础；当市场经济社会发展到一定程度，自由竞争原则就是要向垄断开战。[③]再次，保障和拓展自由的内涵不但是人的个体需求，更是人的重要集合单位——国家的重要政治需求。自由主义是现代西方最重要的政治思想。温家宝同志也曾提出：“人民对民主和自由的向

① Northern Pacific Railway Company et al. v. United States.356 U.S.1 (1958). http: //laws.findlaw.com/US/356/1.html/ visited Jan., 5th，2011.

② United States v. Topco Associations, Inc., 405 U.S.596, 610 (1972). http://supreme.justia.com/us/405/596/case.html visited Jan., 5th, 2011.

③ [英]霍布豪斯：《自由主义》，朱曾汉译，商务印书馆 2005 年版，第 46 页。

往和需求是无法阻挡的。"[①]事实上，具有反垄断法发展里程碑意义的《谢尔曼法》的产生基础也不是美国当下推崇的经济效率目标，而是当时公众情绪集中反映的社会问题和政治问题，[②]按照美国经济史学家的观点，美国 19 世纪 80 年代爆发的以主张经济自由、捍卫政治自由为中心思想的大规模反托拉斯群众运动才是在反垄断经济理论支撑缺乏的情形下，促成《谢尔曼法》的最主要的催化剂。按照《谢尔曼法》的主要起草者谢尔曼参议员的说法："这个法案（《谢尔曼法案》，笔者注），正如我已经说过的那样，只有一个目标……补充实施几个州法院已经确立的普通法或成文法规则，这些规则用于处理那些严重损害公民产业自由的合并。"[③]

（三）经济效率

经济效率作为一种价值导入法学领域始于20世纪六七十年代法律经济学的勃兴，其主要起源于美国的芝加哥学派。在此之前，人们在论及反垄断法的法价值时，多考虑的是以消费者和中小企业为代表的弱势群体保护和经济效益分配公平之类的社会效益。但在芝加哥学派在美国反垄断法学界中占据了主导地位之后，效率价值成为反垄断法价值不可绕开的重要内容，甚至依照芝加哥学派的观点，效率是反垄断法的唯一价值目标。美国著名的反垄断法专家罗伯特·H. 博克认为："美国反垄断法的唯一合法目标，是消费者福利的最大化……反垄断成文法的语言，它们的立法历史，反垄断法的主要结构特征，以及该法的适用范围、性质、连续性、易于管理等因素，都表明反垄断法只应当被消费者福利标准所指导。"[④]他根本不承认反垄断法的非经济性价值目标，认为在反垄断分析中运用社会的、政治的，或其他非经济的标准是不明智的，完全没有法律基础。[⑤]又如法律经济学的代表人物波斯纳认为："法律应该在任何领域引导人们从事有效率的活动……没有任何理由用反托拉斯法来

---

①《CNN 对温家宝总理专访全文》，http://club.news.sohu.com/r-zz0382-330365-0-2-900.html.

② 郭跃：《美国反垄断法价值取向的历史演变》，载《美国研究》2005 年第 1 期，第 79-80 页。

③ 21 Cong. Rec. 2457 (1890)(Statement of Sen. Sherman).

④ Robert H. Bork, *The Antitrust Paradox: A Policy at War with Itself,* Basic Books, Inc. Publishers, 2004, p.51.

⑤ Ibid. p.57.

达到与效率无关甚或对立的目标，比如促进小企业群体的发展，这是一个无论有什么内在价值都不能在反托拉斯的原则和程序框架下实现的目标……它们也不是促进更公平地分配收入或分配财富的恰当手段……反托拉斯法的唯一目标应当是促进经济学意义上的效率。”[①]虽然芝加哥学派中也有少数学者承认反垄断法包含了分配财富、限制企业规模等非经济性价值目标，但他们认为，反垄断法先例通常偏好经济目标，迎合非经济目标一般会使反垄断司法变得混乱，并颠覆反垄断法的基本目标。[②]

如上所述，芝加哥学派的学者常用“最大化消费者福利”术语表述经济效率价值目标。因此，有人将芝加哥学派解读为热心保护消费者利益的一种经济学理论。但这其实是一种误读。因为“最大化消费者福利”术语中的“消费者”并非特指与生产者相对的消费者（狭义消费者），而是泛指所有的社会成员。在市场经济活动中，只要生产中增加的福利大于狭义消费者所减少的福利，这一经济活动就符合“消费者福利最大化”目标。故在“最大化消费者福利”原理引导下，反垄断法往往更多的体现为保护生产者，而不是狭义的消费者：当某些个体和团体效率的提升妨碍社会总体经济效率时，为了总体效率，则需要限制、牺牲某些个体和团体效率，而这些被牺牲的个体和团体往往是对提升社会总体经济效率作用没有那么直接和显著的消费者。但即便如此，经济效率价值也并非总是体现为限制狭义消费者的效率。对于占据垄断地位的大企业来说，其相互并购虽然可能有助于实现企业本身的高效，但它所造成的排斥竞争对手、阻碍技术革新或规模不经济等影响也有可能阻碍社会整体效率的提高，从而不具有经济效率价值。具体来说，经济效率价值包括资源配置效率和生产效率两项内涵。宏观意义上讲，国民经济资源配置优化，竞争价格日益接近边际成本；微观上讲，企业生产效率提高，单个企业享受更大的规模效益和更低的交易成本。

时至今日，虽然芝加哥学派以经济效率为唯一的价值的观点被认为过于武断，并受到以“后芝加哥学派”为代表的广泛质疑，[③]但由芝加哥

---

① [美]波斯纳：《反托拉斯法》，孙秋宁译，中国政法大学出版 2003 年版，第 2-3 页。

② Phillip Areeda, Donald F, *Turner Antitrust Law, An Analysis of Antitrust Principles and Their Application*, Little Brown Company, 1978, pp.7-33.

③ 克伍克、怀特：《反托拉斯革命》，林平、臧旭恒等译，经济科学出版社 2006 年版，第 1 页。

学派引入的经济效率价值作为反垄断法的目的性价值之一的地位却已得到普遍认可。

（四）实质公平

一般而言，公平意味着根据某项确定的标准，同样情况同样对待。但是，这一作法在用于调整社会经济生活时却可能产生社会不公平的结果。因此，作为调整社会经济生活的主要手段，法律往往更多的关注社会的弱势群体，以谋求社会整体的均衡发展。在经济法领域，这体现为：法律一要创造自由竞争、公平竞争的市场环境，从而保证市场中的每一个主体都有可能通过自己的努力取得成功。二要保证社会财富的公平分配，主要是保证社会弱势群体在优胜劣汰的市场机制下仍然能够公平地享受自己的权益。[①]在反垄断法的产生和发展进程中，不论其价值目标争论几何，实质公平价值从未离开人们的视线。相当数量的学者认为反垄断法起源于对竞争公平（Competitive Fair）的关注[②]，分配公平是反垄断法关注的社会公平的重要内容，[③]反垄断法的主要目标是阻止财富分配不公。[④]

反垄断法对实质公平价值的考虑，集中体现在以反垄断法特有的手段保护相对于大企业处于弱势地位的中小企业和消费者的权益。首先，在契约自由的名义下，垄断集团很可能以形式公平的名义在实质损害消费者的利益。以契约自由为集中体现的传统民法秩序中，垄断集团与消费者之间的经济实力差距被抹杀，两者被公平的视为完全相同的民事主体。在消费者实际不具备与垄断集团谈判的能力的情形下，两者之间的契约在公平的名义下大量缔结，实质不公的结果难以避免。因此，反垄断法实质公平价值可以视为对传统民法形式公平大量应用带来的不足之处所作的有效补充。当大量此类不公的契约进入社会，垄断集团对大量单个消费者利益侵害的还会集合成为严重的社会问题。在这个意义上，反垄断法实质公平价值具有更加显著的作用，其不但保护了消费者的经

① 付子堂：《法理学进阶》，法律出版社 2006 年版，第 166 页。

② Edwin J. Hughes, “The Left Side of Antitrust: What Fairness Means and Why It Matters”, Marq. L. Rev. 1994(77), p. 265.

③ [美]格伯尔：《二十世纪欧洲的法律与竞争：捍卫普罗米修斯》，冯克利、魏志梅译，中国社会科学出版社 2004 年版，第 2 页。

④ Robert H. Lander, “Wealth Transfers as the Original and Primary Concern of Antitrust: The Efficiency Interpretation Challenged”, *Hastings L.J.*, 1999, p. 871.

济利益，还保护消费者不被垄断集团所控制，享有有尊严的社会政治地位。在美国托拉斯盛行、国家经济秩序陷入混乱的年代，伍德罗·威尔逊在其 1912 年的总统竞选讲演中表达过类似的观点："托拉斯压制了作为这个国家中坚力量的小人物（small men），使美国人从有理想、有抱负的工人变成郁闷的不务正业的寄生虫。"[①]随后，他推动了美国《克莱顿法》和《联邦贸易委员会法》的颁布和实施。其次，反垄断法对中小企业的关注更多的体现为保护中小企业在市场竞争中的机会。这种机会同样不是以形式上的机会平等为表现，而是讲求在实质上任何市场竞争主体都可以获得参与竞争的机会，并接受市场的公正裁判，而不是遭受垄断集团的盘剥和压制。作为机会公平的评判和结果，每个市场竞争的参与者在最终会取得与其生产贡献和市场参与水平相匹配的竞争结果，即最终实现实质公平。反垄断法对实质公平价值所要求的公平有序市场环境的营造，集中体现为反垄断法禁止和控制垄断集团采取限制小企业经济自由的竞争策略的有关法律制度。

二、反垄断法多元价值目标之间的冲突

如前所述，反垄断法的法价值是一个多元化的体系。各项法价值之间不仅相互联系，互为补充，还存在天然的矛盾冲突，例如，经济效率与实质公平、竞争秩序与竞争自由之间的冲突就显而易见。从动态的角度来看，反垄断法立法和实施的发展史，就是一部反垄断法多元法价值之间碰撞和争鸣的历史。诚如博克所说："法的价值冲突含义非常丰富，是社会价值的宝库，它可以从多层面、多角度促进社会的发展与进步。"[②]反垄断法多元化的价值准则、观念之间固有的内在矛盾及其现实化无疑是这一论断的最佳注解。反过来讲，社会背景的发展变化，也是令反垄断法多元法价值相互碰撞，不断丰富和深化的原动力。因此，反垄断法多元价值的冲突的根源不仅是价值理论上的矛盾，还是特定社会环境下的现实利益冲突，是反垄断法实施范围内各个社会阶层和利益集团之间的冲突，只有将反垄断法多元价值相互冲突的火花放在时代背景和社会环境的幕布前面，才能真正理解其涵义。

---

① Ibid. p. 872.

② Robert H. Bork, *The Antitrust Paradox: A Policy at War with Itself*, Basic Books, Inc. Publishers, 2004, p.50.

（一）反垄断法价值目标的国际冲突

不同国家和地区各异的反垄断法价值理论认识和使用偏好，致使反垄断法立法和实施在不同的法域内以不同的面目出现。通过考察不同国家的反垄断法实践，可以对反垄断法的多元价值冲突的意义进行更深入的检视。以下将主要以日本反垄断法和作为日本反垄断法"母法"的美国反垄断法为例，对反垄断法价值的国际冲突进行分析。

众所周知，日本的反垄断立法，深刻地受到了美国反垄断法的影响。但是，随着日本反垄断法的本土化与发展演进，其反垄断法的价值特征却呈现出与美国反垄断法大相径庭的特征。日本1947年《禁止私人垄断及确保公正交易法》（以下简称《禁止垄断法》）是日本经济法体系中的核心法律[①]，是日本反垄断法的统一法典。其开宗明义地阐明了立法目的问题："本法律的目的，是限制私人垄断和不正当交易，禁止不公正交易方法，防止事业支配力量的过度集中，排除以企业结合、协定等方式对生产、销售、价格、技术等形成的不正当限制和对事业活动的其他不正当约束，以此促进公正、自由的竞争，发挥事业人的创造性，繁荣企业活动，提高就业及国民实际收入水平，从而在确保一般消费者利益的同时，促进国民经济民主、健全的发展。"但是，《禁止垄断法》的这一宣言式的目的条款如何理解，一直是日本学术界探讨和反垄断法实践部门争论的焦点问题。在针对这一问题的各家流派学说的争鸣过程中，"结果说"逐渐成为主流学说。该学说认为，日本《禁止垄断法》的直接且固有目的在于"维护公正且自由的竞争秩序"，其旨在实现国家竞争政策。[②]按照其理解，《禁止垄断法》第一条意为：维持市场内的竞争秩序是法律的根本目的；衡量这一目的实现与否的经济目标包括合理配置资源以实现效率最大化，抑制私人经济力量和保护消费者利益等具体经济目标。因此，维持有利于实现国家经济目标的竞争秩序是日本《禁止垄断法》的价值目标。而该法第一条后段"发挥事业人的创造性，繁荣企业活动，提高就业及国民实际收入水平，从而在确保一般消费者利益的同时，促进国民经济民主、健全地发展"所阐述的内容则是反垄断可以实现的基

① [日]丹宗昭信、厚谷襄儿：《现代经济法入门》，谢次昌译，群众出版社1985年版，第75页。

② [日]丹宗昭信：《新现代经济法入门》，法律文化社1999年版，第33页。

本效果和社会意义。在反垄断实践中，不能将除“公平且自由竞争”之外的内容作为解释禁止垄断法的标准。一系列的反垄断案件处理表明，“结果说”的学理解释在日本公正交易委员会的反垄断实践中得到了支持。①此外，日本最高法院也认为，虽然日本禁止垄断法的终极目标是“保护一般消费者利益”“促进国民经济民主健康发展”，但其直接目的是“维护自由的竞争秩序——也就是促进自由且公平的竞争”；日本禁止垄断法原则上是实现竞争政策之法，而为了实现其终极目的，需要竞争政策让位于其他政策的场合，仅仅是例外情况。②

而与日本反垄断法具有母婴般亲密关系的美国反垄断法，却呈现出截然不同的当代反垄断法价值观。相对于秩序、自由、公平价值而言，美国当前的反垄断法明显体现经济效率价值优先特点，这在美国反垄断法理论界和反垄断法实务中有广泛的反映。首先，如前所述，作为经济效率价值进入反垄断法律理论的引领者和重要推动力，芝加哥学派在美国学界占据主流地位。虽然 20 世纪 90 年代后兴起的“后芝加哥学派”对芝加哥学派提出了种种质疑，但其并未撼动芝加哥学派的主流地位。而且，“后芝加哥学派”的这些质疑仅仅停留在一些复杂的经济学假定条件下对市场运行的不同看法层面，并不涉及经济效率价值层面。其次，在美国反垄断法实务界，芝加哥学派长期占据了美国反垄断法最重要实施部门的位置。20 世纪 80 年代以来，芝加哥学派的积极推行者巴克斯特、鲁尔、詹姆士 · 米勒、奥利弗等人先后出任美国反垄断法执法机构主要负责人，波斯纳、博克、温特等具有经济学倾向的法学家先后在美国联邦最高法院和上诉法院担任法官职务。③在这样的形势下，芝加哥学派所尊崇的经济效率价值对美国反垄断法价值观产生的影响力可想而知。1981 年通过的 12291 号总统令要求，所有新制定的政府规章都要符合“成本—收益分析”的标准。④反托拉斯局局长的巴克斯特（William Baxter）

① 王为农：《日本禁止垄断法的基本法理的目的、结构与基本概念》，载王艳林，《竞争法评论（第一卷）》，北京：中国政法大学出版社 2005 年版，第 142 页。

②《石油价格卡特尔刑事案》，载《最高裁判所刑事裁判集》第 38 卷，第 4 号，第 1287 页。

③ 程宗璋：《略论美国反垄断法价值取向的演变》，载《贵州工业大学学报（社会科学版）》2003 年 3 月，第 58 页。

④ G. R. Boldwin, C. G. Veljanovski, *Regulation and Cost-Benefit Analysis, The U.S.Experience and U.K. Potential*. Oxford: Center for Social-Legal Studies, 1982，p.37.

指出："经济效率提供了唯一可行的标准，由此可以发展出可操作的规则，并且这些规则的有效性也能由此得到评判。"①联邦贸易委员会主席米勒则承认，联邦贸委会执行反垄断的效率目标源自芝加哥学派；强调的是效率和消费者福利，而不是公正和保护小企业。②经济效率价值的压倒性优势地位导致了企业合并控制规定的实际放宽，波音公司与麦道公司（1997 年）、花旗银行与旅行者集团（1998 年）、在线与时代华纳（2000 年）等巨型公司的合并行为均以有利于提高竞争效率而获得了美国反垄断实施部门的支持。

在 20 世纪 40 年代末，人们还在为日本反垄断法对美国反垄断法模仿程度太深而担心。半个多世纪以后，两国对反垄断法价值的理解就已经出现了完全不同的情况。可见，反垄断价值的国际冲突现象绝不是个别现象。不同的国家和地区，在不同的经济、政治、文化环境的作用下，必定形成自身特有的反垄断法价值特征。比如，同为前社会主义国家，中东欧国家为了成为欧共体成员国而追随欧共体的价值目标；而经济转型中的俄罗斯，则为了发展中小民营经济体而将反垄断法的重点放在实质公平上。这些不同的价值特征对反垄断法律制度的制定和实施具有提纲挈领的作用，直接导致各国反垄断法立法和实施的差异性。当这些不同的反垄断法介入到同一个反垄断争议当中时，反垄断法国际冲突在所难免。

（二）反垄断法价值目标的时际冲突

除了存在上述国际冲突，反垄断法价值目标的时际冲突也不鲜见，即一国范围内，反垄断法价值偏好在不同的时代有不同的显现；而在世界范围内，反垄断法价值的偏好也体现出不同的时代特征，而这些不同时代的偏好时常相互矛盾。而且，与具体法律规范的新旧差异、前后矛盾不同，解决法价值的时际冲突很难适用某种普遍、明确的法律原则或规定，而且更容易出现反复无常的情况。因此，反垄断法多元价值之间的时际冲突增加了反垄断法国际冲突问题的复杂性。

论及反垄断法价值的时际冲突，美国反垄断法价值追求的发展演变

---

① William Baxster, "Responding to the Reaction: The Draftsman's Review", in M. Fox and James Halversoned, A*ntitrust Policy in Transition: The Convergence of Law and Economics*, Chicago: America Bar Association, 1984, pp.308-321.

② 程宗璋：《略论美国反垄断法价值取向的演变》,《贵州工业大学学报（社会科学版）》2003 年 3 月，第 58 页。

是最佳的例证。美国是现代反垄断法的诞生地。自《谢尔曼法》出台以后的百余年间，美国反垄断法始终走在时代的前列，影响了许多其他国家的反垄断法立法和实施。在这个世界上反垄断法历史最悠久的国家，其反垄断法价值变迁充满了思辨和实验。从最初《谢尔曼法》所追求的竞争自由和实质公平，到 20 世纪 70 年代以后逐渐转向经济效率优先，我们看到美国最高法院的态度是何等的天渊相别。在 1962 年的布朗鞋案中，法院就以合并能带来潜在的效率利益为基本理由禁止了这项合并。在该案中，法庭的态度是："不仅效率不能构成辩护，而且显示兼并会带来效率正可被用来攻击兼并，理由是小的对手将因此而陷入不利境地。"[①]在 1967 年宝洁公司案中，道格拉斯（Douglas）法官在陈述法庭意见时指出："经济效益不能作为对违法行为的辩护。"[②]但是，仅仅十年时间，最高法院的态度发生了逆转。在被称为反垄断法"现代珠峰"[③]的 1977 年"西尔法尼亚案"中，法庭一改对经济效率漠不关心的态度，将被指控行为对市场的影响作为考察对象。[④]然后，小刘易斯·鲍威尔（Lewis F. Powell）大法官在判决意见中大量引证波斯纳、伯克、萨缪尔森等人的观点，并在形成判决时给予经济分析以首要地位。[⑤]事实上，经济效率价值地位的提升早在"西尔法尼亚案"之前就已经显现。1974 年裁判的"通用动力公司案"中，法院就已经要求控方必须得到经济效益方面证据的支持。[⑥]进入 20 世纪 90 年代以后，后芝加哥学派的兴起似乎带来了与芝加哥学派全盛时期不同的反垄断法实践影响（例如更严格的兼并控制），但这即使代表理论流派的更替[⑦]，也仅仅是经济学流派的更替，意味着经济效率价值优先的美国反垄断法之路将走得更长。因此，甚至有学者认

---

① Damien Never etc., *Merger in Daylight*. London: Centre For Economic Policy Research, 1993, p.62.

② Federal Trade Commission v. Procter & Gamble Co..1967.1230-1231.

③ [美] E. 吉尔霍恩、W. E. 科瓦西克：《反垄断法律与经济》，中国人民大学出版社 2001 年版，第 iv 页。

④ Continental T.V. Inc. et al. v. GTE Sylvania，Inc.，433 U. S. 36（1977）.

⑤ [美] E.吉尔霍恩、W. E. 科瓦西克：《反垄断法律与经济》，中国人民出版社 2001 年版，第 302 页。

⑥ 王黎明、沈君：《反垄断：从国别走向世界》，山东人民出版社 2007 年版，第 180 页。

⑦ 事实上，这甚至不算流派的更替，而是芝加哥学派的改良。参见臧旭恒：《从哈佛学派芝加哥学派到后芝加哥学派——反托拉斯与竞争政策的产业经济学理论基础的发展与展望》，载《东岳论丛》2007 年第 1 期。

为，“在 1890 年国会通过《谢尔曼法》时所表达的意图仅有考古学的意义。”[①]如果是这样，有一天芝加哥学派或后芝加哥学派所表达的反垄断法价值主张也会只具有考古学意义。问题是，我们无法预知这个时间将在何时到来，反垄断法价值的下一次划时代的消长又将对反垄断立法和实施带来什么样的影响。世界各国的反垄断法价值冲突所带来的多元反垄断法价值之间的位阶变化时刻都在发生，这些变化微妙地影响着各国反垄断法的实践，在带来各国反垄断法差异性的同时，一旦面临跨国反垄断法问题，就会加剧各国反垄断法之间的冲突。

反垄断法价值冲突在不同的时空背景下表现出截然不同的特征，这就致使利害原则、苦乐原则、法的价值等级体系、价值中心论等传统的法价值冲突原则在反垄断法领域难以施展，具体争议情形在反垄断法价值取舍权衡中的作用上升，这致使反垄断法多元价值冲突的协调统一工作更为复杂，其不得不随时面对新的冲突内容。反垄断法多元价值冲突的复杂性对反垄断法最显著的影响就是导致了反垄断法的“不确定性”[②]特征。反垄断法最重要的内容，包括违法确认原则、相关市场的界定和域外适用均具有显著的不确定性。在不确定性的帮助下，反垄断法价值冲突对反垄断法具体制度和规范冲突的传导作用更为显著。弗朗西斯·培根曾对法律原则的作用作如下描述：“在发生了新的情况又没有直接的权威时，从深层理由来发掘法律的真谛；在权威明确但相互间有所差异时，证实法律，并使法律得到人们一致的理解；若法律已被权威所澄清时，进一步表明判决和具体规定的理由，并由此使他们在对更为复杂的案件进行判决时得到更广泛的应用。”[③]这一描述（尤其是第一种情况）同样适用于解释法价值的作用，因为法律原则是法价值的具体化，法价值是法律原则的精神追求。然而，反垄断法价值之间是存在相互抵触和冲突的，而且，在不同的时代背景和社会环境下，市场经济社会各阶层的利益矛盾会通过反垄断法的价值冲突显现，并推动反垄断法价值冲突的内容不断发展深化。因此，反垄断法多元价值目标对于反垄断法实践的重

---

① Donald Dewey, *The Antirust Experiment in America*, New York: Columbia University Press, 1990, p.23.

② 关于反垄断法不确定性的论述，可以参见沈敏荣:《反垄断法的性质》，载《中国法学》1998 年第 4 期；潘丹丹:《反垄断法不确定性的意义追寻》，吉林大学博士学位论文 2010 年 4 月。

③ 彼得·斯坦:《西方社会的法律价值》，王献平译，中国人民公安大学出版社 1989 年版，第 126 页。

大指导作用客观成为了激化反垄断法多元价值相互冲突的一大原因。从国际法律冲突的角度看，反垄断法多元价值冲突成为引发反垄断法具体法律制度、规则在制定和实施过程中出现形式各异的国际冲突的内在原因。

第二节　国家经济管理政策对反垄断法的影响

反垄断法具有显著的政策性。各国学者对此发表了相互映照的意见："反垄断法是与经济政策紧密相关的法律领域，因而并不是特别适合于司法推理。"[①]"公平交易法几乎不可避免地充满概括条款或不确定法律概念，例如竞争、独占、市场、市场占有率、景气等'法律'名词皆是，再加上随着经济现象的不断变化，经济学理论的不断更新，公平交易法的运作很难像一般法律一样，依传统的法律解释方法得出合理的结果。"[②]"反托拉斯法基本上是一种授权立法（enabling legislation），要求法院体察市场及厂商行为，并发展出一套有利于社会的准则。"[③]反垄断法在立法和实施层面的政策性特征，使得政策所具有的具体性、灵活性、时效性和易变性特征或多或少地融入了反垄断法。这成为反垄断法遭人诟病的原因之一。经济学家科斯（R. Coase）曾言道："我被反垄断法烦透了。假如价格涨了，它就说是'垄断性定价'；价格跌了，它就说是'掠夺性定价'；价格不变，它就说是'合谋性定价'。"[④]这当然是一种有些过激的表达，但这也反映了人们对于政府利用反垄断法不当干预经济的不满。另外，由于反垄断法的政策性与反垄断法作为维护市场公平竞争工具所必备的非歧视性往往交织在一起，这就致使反垄断法的政策性显现出一种讳莫如深的隐蔽性。这在降低反垄断法可预测性的同时，在国际层面，增加了反垄断法引发国际冲突的可能，令反垄断法的国际冲突更为复杂。

---

① [英]约翰·亚格纽：《竞争法》，徐海等译，南京大学出版社 1992 年版，第 18 页。

② 苏永钦：《经济法的挑战》，台北五南图书出版公司 1994 年版，第 125 页。

③ [美]赫伯特·霍温坎普：《联邦反托拉斯政策：竞争法律及其实践（第 3 版）》，许光耀等译，法律出版社 2010 年版，第 52 页。

④ 臧旭恒：《从哈佛学派芝加哥学派到后芝加哥学派——反托拉斯与竞争政策的产业经济学理论基础的发展与展望》，载《东岳论丛》2007 年第 1 期。第 18 页。

例如，在我国反垄断法出台前夕，西方媒体对我国反垄断法出台的效用作出预测如下：第一，损害外国公司的知识产权；第二，限制外国公司进入中国市场；第三，延缓中国的国有企业改革；第四，政治原因将使得该法案成为政治工具，而不是经济手段。国外学者和媒体作出上述预测的原因非他，正是其对于我国反垄断法政策性的悲观预测。他们认为，“中国的反垄断法案中与西方法案截然不同的政策成分，使得该法案成为政府以反垄断名义干预经济的一个工具”[①]。不难想象，当一国制定实施反垄断法的行为被视为维护自身利益，损害他国福利的政策性考虑，或者至少暗含这种考虑时，在垄断现象日益国际化的世界大环境中，反垄断法的国际冲突成为必然。

国家政策的含义十分广泛，政治、经济、文化的内容都可以列入国家政策的范围内。但是，在经济与发展成为世界的主题的情况下，国家利益的中心转移到国家经济利益上来，反垄断法首先是“经济”法，是国家实现经济目标的重要手段。这就致使反垄断法与国家经济管理政策具有了目标上的一致性，稳固了经济管理政策对反垄断法的影响力。但是，即使是同一时期的各项国家经济管理政策之间也无法避免相互矛盾，反垄断法在深受国家经济政策影响的同时，也无法避免与有关经济管理政策之间的矛盾冲突。因此，经济管理政策对反垄断法的影响力是复杂的，难以一概而论。下文将着重就产业政策和贸易政策对反垄断法的影响进行论述。

一、产业政策对反垄断法的影响

（一）反垄断法中的产业政策考虑

广义的产业政策观认为，产业政策是政府为了实现一定的经济和社会目标，而对产业的形成和发展进行干预的各种政策的总和。这里的干预是一个广义的概念，包括规划、引导、促进、调整、保护、扶持、限制等方面的含义，其实质是政府对经济活动的一种自觉的干预，以实现特定的政策目标，包括实现经济振兴与赶超，产业结构调整与转换，保持经济领先地位与维持经济增长势头等，这些政策是对社会整体利益的

---

① 臧旭恒：《从哈佛学派芝加哥学派到后芝加哥学派——反托拉斯与竞争政策的产业经济学理论基础的发展与展望》，载《东岳论丛》2007年第1期，第18页。

维护。[1]依据我国《90年代国家产业政策纲要》的规定，我国制定的产业政策包括产业结构政策、产业组织政策、产业技术政策和产业布局政策，以及其他对产业发展有重大影响的政策和法规。按照这样的产业政策的理解，反垄断政策，乃至反垄断法本身就是一项产业政策，那么，反垄断法体现出对产业政策性目标的考虑也就再自然不过了。即使将产业政策定义缩小，将反垄断法排除出去，广义反垄断法定义所阐释的产业政策与反垄断法追求目标及干预路径的一致性，也足以说明两者之间无法割裂的联系。站在反垄断法的角度，产业政策是对反垄断法影响最大的经济管理政策，其影响力主要表现在以下几个方面。

首先，反垄断法必须对产业政策具体目标予以考虑。产业政策是根据国家不同时期的经济发展需求和有关产业的地位和作用来制定的，其具体目标具有阶段性和易变性的特点，与反垄断法所追求的法律稳定性存在显著的矛盾。因此，为了及时呼应产业政策善变的具体目标，反垄断法必须采取一系列与其非歧视性原理相左的做法来为产业政策目标预留空间。一方面，反垄断立法中广泛存在的豁免制度是国家产业政策具体目标在反垄断法中得到体现的制度性保障。依据豁免制度，原本属于违反反垄断法的事项将不被追究的制度，除外领域受到法律保护，排除竞争的特别行业或特定行为得到允许。因此，产业结构政策所保护的行业就能够得到反垄断法的“额外”保护。另一方面，反垄断法利用其立法规范内容直接表达产业政策具体目标。美国著名经济学家施玛兰茨认为，反垄断法的立法活动应进行产业政策权衡；反垄断法制定的时机宁晚毋早，不宜超越国内竞争发展水平；对于发展中国家来说，反垄断法不宜过于细致，除了卡特尔行为和造成垄断的兼并行为，反垄断法的内容不宜太多，否则会有损于竞争。[2]在这一论断中，产业组织政策对反垄断法的影响可见一斑。产业政策对反垄断法的规范内容的影响不仅在于细节，甚至在于整体的方向，即哪些主体和类别的垄断行为应被反垄断法所辖制。在反垄断法内部取得了制度和规范空间以后，产业政策发生变化时，就会出现反垄断立法相关内容的政策性修订，或者直接在反垄断法实施的过程制定新的反映产业政策目标变化的“法官法”。

---

① 王先林:《产业政策法初论》，载《中国法学》2003年第3期。

② 施玛兰茨:《反垄断政策与其他》，载《探索智慧之旅——哈佛、麻省理工著名经济学家访谈录》，北京大学出版社，2000年版第56页。

其次，反垄断法必须对产业政策的干预手段予以考虑。从反垄断法的基本原理来讲，其对于竞争力的考虑是从整个市场的角度出发，并不会对某类行业有所偏好，这与产业结构政策扶植某些主导产业或调整某些衰退产业的主导思想并不一致，这就导致两者调控同一对象时出现冲突。要协调这一冲突，我们必须看到两者干预手段的性质差异。产业政策的干预手段主要包括：行政许可、价格管制等直接管制手段；财政、税收、金融等间接诱导手段；以及行政信息指导手段。[①]其中，后两种干预手段具有劝导、自愿的性质，唯有行政管制具有强力性质。越是在市场竞争机制不成熟的国家，越依赖产业政策，越表现出对于行政强力的依赖性。而反垄断法对市场的干预手段则主要是个案执法和行政指导。虽然绝大多数国家将反垄断法的实施程序设计为司法裁决为终局性裁决，但反垄断法个案高昂的成本和冗繁的程序性要求致使反垄断法的实施并不是以司法性为特征，而是以政府机关的行政执行为主要特征。而在这些行政执行行为中，与产业政策的行政干预不同，并不以强制性行政程序为主导。相反，为了尽快解决争端和预防反垄断调查，反垄断法的实施过程中充满了磋商与和解，指南、建议、意见等形式的行政指导发挥着重要的作用。在抓大放小的“选择性执法策略”[②]指导下，大多数反垄断行为没有进入个案调查程序，即便进入了个案调查程序的反垄断案件也有相当部分以裁判以外的和解方式终结。[③]因此，虽然具有强有力的强制力威慑，反垄断法对市场的干预体现出强烈的行政指导性色彩。基于两者对于市场的干预手段的不同特点，以及两者相互包容的共生关系，反垄断法必须对产业政策的行政管制强力予以尊重。因此，从尊重政府管制市场行为的角度，以国家主权豁免理论为基础，在反垄断法实践中逐渐产生了豁免政府与反垄断法不一致做法的反垄断法理论。比如，美国的“国家主权行为论（state action doctrine）”学说就是在美国判例法中发展起来的公权力豁免理论。这一学说认为，“美国的反托拉斯法不适用于国家的主权行为，也不适用于因国家命令或者因国家批准而从事的私人行为。美国国会不要求国家服从谢尔曼法，因此，国家可以自己的

① 漆多俊：《经济法学（修订版）》，武汉大学出版社 2004 年版，第 425 页。

② 焦海涛：《论现代反垄断法的程序依赖性》，载《现代法学》2008 年第 1 期，第 16 页。

③ 苏永钦：《经济法的挑战》，清华大学出版社 2005 年版，第 68 页。

名义，以私人不被允许的反竞争方式从事管理或者行为。”[1]

总之，在共同的终极目标指引下，反垄断法得采取各种不同的方式将产业政策对其的影响力进行合理的利用与消化，并对产业政策与其不同的阶段性目标和干预手段予以容忍和尊重，与产业政策在调和而不是对立的氛围当中寻求发展。但是，我们必须注意到，反垄断法对产业政策的容忍是有限度的。当产业政策与反垄断法之间出现难以协调的矛盾时，孰先孰后的问题仍是两者关系的关键。在不同的时空背景下，这个问题有不同的答案。但从发展趋势来看，无论是市场机制发育成熟的情形下自发形成反垄断法的国家，还是在经济转型过程中舶来反垄断法的国家，都将确立反垄断法相对于产业政策的优先地位。但在当前，仍有许多经济转型中的国家更加依赖于产业政策，而不是反垄断法来实现调控国家经济的目的。这就致使产业政策对反垄断法的影响问题更为复杂。

（二）产业政策与国际反垄断法冲突

在处理国际性反垄断法争议时，反垄断法中的产业政策考虑令反垄断法国际冲突更加复杂。

首先，反垄断法立法中的产业政策考虑，增加了各国反垄断立法的差异性。反垄断法实现产业倾斜性保护的最重要手段就是为不同的产业提供各式各样的豁免。这些豁免减弱了反垄断法的普适性和可预见性，造成反垄断法对不同产业的规制条块分割。世界贸易组织在考察了三十多个国家和地区关于反垄断法豁免的实现途径后，得出的法律文本指出：“豁免的范围在各国有着显著的不同。某种程度上说，这仅仅反映了部分国家很少依赖明确的立法条款而是更依赖具体执行程序，来决定特定行为或者实践情况是否受到国内竞争法的管辖或者应该依照法律予以特殊对待。”[2]一方面，反垄断法中一度流行的行业豁免制度正在逐渐淡出，看似增强了反垄断法的普适性，但另一方面，反垄断法对于豁免制度的依赖并未减弱，而是转化为更为复杂的行为豁免。行为豁免的取得往往需要一定的行政或司法程序要求，并且适用极具弹性的豁免规则，这就导致反垄断法豁免制度不确定性上升，反垄断法的适用范围问题更加令

---

① 王晓晔：《反垄断法中的政府行为》，http：//ielaw.uibe.edu.cn/html/wenku/guojijingjifa/guojifanlongduanfa/20080417/686.html.

② WTO, *Exception, Exemptions and Exclusions Contained in members' National Competition Legislation*, document WT/WGTCP/W/172(2001).

人困扰。无论是同一个垄断行为在不同的国家得到不同的评价，还是因为惧怕不同评价带来的损失而放弃某种商业行为，适用反垄断法的市场主体都无法忽视反垄断法豁免制度的国际冲突问题。此外，历史的看，反垄断法为了适应国家产业政策的变化而不断进行政策性修改是造成各国反垄断法差异性的重要原因。产业政策是因循国家经济发展水平而制定的国家经济战略内容，其一般每10年或更短的时间内就会作出一次重大的调整。这些调整政策的法律化往往引起一批有关法律的废立。例如，日本为了振兴机械工业，制定了《机械工业振兴临时措施法》(1956年)；为了扶持特定电子工业及特定机械工业，就制定了《特定电子工业及特定机械工业振兴临时措施法》(1971年)等。这些生命短暂的产业政策法一般极具针对性，在国家法律体系中发挥着立竿见影的效果。而反垄断法为适应产业政策法作出的政策性修改和法律解释变化同样的具有极强的产业保护的针对性，并在反垄断法争议中产生立竿见影的效果。比如，1989年德国奔驰与梅塞施米特-博尔科夫-布洛姆公司(以下简称MBB公司)的合并案就被认为集中体现了国家产业政策对并购垄断行为合法性判断的影响。在该案中，德国联邦卡特尔局依据德国《反对限制竞争法》拒绝了奔驰公司1988年提出的合并申请。这时，1973年制定《反对限制竞争法》合并控制条款时经济部长和产业部长坚持的“联邦经济部长特许权”发挥了作用。1989年，经济部以国家重大利益为由，批准了这宗“大象联姻”。奔驰-MBB合并案中，德国联邦卡特尔局与经济部所作出的不同决定实际体现了反垄断法律标准与产业政策基本原理和追求目标的矛盾冲突，体现了在特定的条件下，特定区域内特定产业利益的一次胜利。可以想象，如果不是合并将为德国政府节省巨额财政支出，并为德国航空业，特别是空中客车的生产研发和军备实力带来收益，这宗不符合德国反垄断法并购标准的合并是不可能成功的。在国际并购实践中，外国并购者在内国谋求通过反垄断审查时，内国反垄断法的并购标准和内国的产业政策利益均为必须考虑的问题。仅仅符合反垄断法标准，与产业政策冲突显著的并购，即使不是遭到禁止，也必定困难重重；而契合内国产业政策目标的国际并购，即使不符合内国的反垄断法并购标准，也可能获得许可。

其次，反垄断法的实施效果可能被产业政策所扭曲。尽管在全球范围来看，国家反垄断立法相对于国家产业政策的优先性较为显著，但这一优先性不是绝对的，而且，在反垄断法的实施过程中，政策性协调始终是反垄断法实施机构协调工作的重要特征。因此，在反垄断法实施机构掌握反垄断法与产业政策之间的利益平衡时，尤其是争议冲突较为尖锐的情况下，反垄断法的优先性可能实际被扭曲。在反垄断案件的个案执法中，反垄断个案中的不确定个案因素起着重要的作用。行政或司法裁判可能以这些个案因素的影响为名，实现限制竞争的政策性考虑。以至于对于只有微小不同的相似反垄断案件，在不同的政策环境下出现截然不同的裁判结果。在反垄断行政协商和调解当中，同样在反垄断法不确定性的帮助下，行政协商和调解在反垄断法的实施当中发挥着两面性作用。一方面，行政协商和调解确实能够收到协调反垄断法与产业政策的效果；另一方面，国家利益考虑的压力也为反垄断法行政实施过程中扭曲反垄断法立法本意（包括实体法和程序法）创造了条件。比如，政府出台的有关行政指南，本来是一种政府参与的非强制性指导意见，但在实践当中，政府可能利用指南的影响力向某个行业或特定企业施加压力，要求企业采取有利于实现国家产业政策的行动，而这些行动的垄断性质则在产业政策的旗帜下被忽视了。在法律实施环境较差的国家，甚至还可能出现政策寻租等非法谋求商业利益的现象。此外，即使这些行动的垄断性通过反垄断法设置的既定程序得到了豁免，成为合法的行为，但由于其评判涉及广泛因素的考虑，故其合理性仍然易于引起争议。从这个角度讲，反垄断法国际冲突的原因不仅在于立法界定的差异性，更在于实施法律的合理性判断差异。而且，相对于技术性的差异，以国家利益为本质的合理性差异更难以实现国际意义的统一。

二、贸易政策对反垄断法的影响

随着国际贸易的发展，反垄断法与国际贸易的联系越来越紧密。对于国际贸易来讲，单纯地设置或消减关税或非关税壁垒早已不是全球市场贸易战的全部焦点。第一次世界大战以后所出现的种种问题，如不同的法规和执法力度所形成的市场准入，或导致不公平的竞争环境的产生，使人们认识到，减少关税和非关税壁垒只解决了问题的一半，要想成功地打进某些市场，需要实施更为有效的反垄断法规，甚至改变原来的竞争规则。[①] 若不能改变希望打进的市场的竞争规则，至少可以改变本国的

① 布瑞恩·麦克唐纳：《世界贸易体系——从乌拉圭回合谈起》，叶兴国等译，上海人民出版社 2002 年版。

竞争规则，使本国的竞争规则更好地为本国的贸易政策服务。例如，早在制定《谢尔曼法》之时，美国反垄断法就规定：禁止构成限制贸易的合同、联合和共谋的合并①；而控制该合并的标准又历经多次修订，一降再降。1980 年，修正案通过在“贸易”一词之前插入“或在影响贸易的任何活动中”，又一次极大地扩大了该条规定的范围，致使所有影响美国与外国贸易的股票和资产并购，哪怕是外国公司间可能影响美国的出口的合并均被纳入了美国反垄断法的管辖范围之内。②

（一）反垄断法中的贸易政策内容

贸易政策一般是指国家用于维护本国进出口贸易利益的经济管理政策。随着世界贸易组织（WTO）影响力的扩大，贸易政策以关税壁垒与非关税壁垒的形象得到了前所未有的广泛关注，这些壁垒的形式包括关税、补贴、配额、许可等多种形式。但从另一个角度看，贸易壁垒也是国家调整国内资源配置，增加经济生产效率的有效手段。只要对贸易壁垒善加利用，就可以达到提升本国竞争力、优化国民福利的目的。因此，虽然谈论贸易政策对反垄断法的影响时离不开 WTO 的背景，但在此处论及的贸易政策并不以是否符合 WTO 规则为评判标准，而是指一种符合国家权益、支持国家贸易发展的产业政策。另外，贸易政策实际是一种国家产业政策，因此，其对于反垄断法的影响力也符合前文关于产业政策的论述。但是，由于国际贸易对于世界经济发展的重要作用以及 WTO 规则普及对国内贸易政策的约束力，贸易政策对反垄断法的影响又具有了自身的独特性和重要的实践意义。

首先，就国际化的程度而言，贸易政策显然是受到国际法约束最多的产业政策。WTO 有关条约针对各国的贸易问题作出了详尽的规定，并且设置了具有强大执行力的裁判机构和程序。这在其他经济管理政策领域是没有的。比如竞争政策领域迄今都没有实现有力的多边协作。包括反垄断问题在内的众多其他经济管制领域均希望借助 WTO 的平台实现多边协作也从侧面说明了 WTO 的实效性。因此，在论及反垄断法取得相对于产业政策的优先性的发展趋势下，贸易政策的优先性问题具有自身的特点。短期内，同样是在反垄断法目标具有长期稳定性、贸易政策目

---

①《谢尔曼法》第 1 条。

② 白艳：《欧美竞争法比较研究》，中国政法大学博士学位论文，2004 年 5 月，第 104 页。

标具有多变性的前提下，贸易政策优先于反垄断法是一种更普遍的做法。

其次，贸易政策同时是一国对外政策的一部分，因此，除去在一国范围内讨论反垄断法与贸易政策的关联性以外，一国贸易政策与他国反垄断法的联系也非常密切。比如，进口国的贸易政策与反垄断法通常和谐共处，但进口国的贸易政策与出口国的反垄断法之间却可能产生直接矛盾。事实上，这一矛盾是国际贸易政策矛盾的延伸，但却由于脱离了关税等贸易政策措施等传统的表现形式，无法凭借 WTO 的力量来解决矛盾，才转化成为了贸易政策与反垄断法的矛盾。因此，在反垄断法国际协调机制缺位的情况下，这一矛盾时常会升级为贸易战，最终回归到贸易政策的解决方式之中。某种程度上说，这也是贸易政策取得优先于反垄断法地位的原因。

具体而言，反垄断法中体现的贸易政策内容主要包括以下几个方面：

第一，基于有利于开展对外贸易的考虑，许多国家的反垄断法都在适用范围上进行了特殊的规定。比如，以反垄断法严厉性著称的美国，其 1982 年《外贸反托拉斯改进法》（*The Foreign Trade Anti-trust Improvements Act*）就表示：（1）对美国国内商业；（2）对美国进口贸易；（3）对没有卷入上述行为的美国公司的出口贸易，没有竞争影响的出口行为不受《谢尔曼法》和 FTC 法（*The Federal Trade Commission Act*，《联邦贸易委员会法》）第 5 条的管辖。在外国市场中受美国出口商反竞争行为损害的任何外国人必须寻求外国，而不是美国法律的救济。此外，反垄断法为鼓励本国企业出口而设置的豁免内容也很常见。美国在 1918 年的《韦伯-帕默伦法》（*Webb-Pomerene Act of 1918*）和 1982 年的《出口贸易公司法》（*The Export Trading Company Act*）中就给予了美国的外贸有关市场主体相当广泛范围的豁免。此外，由于贸易政策的实施属于公权力的行使，故而反垄断法中的国家主权豁免理论也经常运用于贸易政策实施造成的反垄断问题当中。

第二，在存在反垄断法立法的国家中，反垄断法的实施也会考虑贸易政策问题。与受到全球范围内具有强力的国际贸易规则保护的贸易政策相比，反垄断法的发展仍然是各国各行其是，差异较大，至今没有一套专门的多边约束规则。所以反垄断法的实施存在严重的国别局限性。因此，贸易政策对反垄断法实施最重要的意义在于，为反垄断法实施效果的保护提供了手段上的帮助。比如，在柯达—富士胶卷案中，美国认为日本政府对富士等国内企业的纵容态度导致了富士在其国内享有稳定的垄断利润，富士又利用这种垄断利润补助在美国的低价倾销，故而富士等日本企业在日本国内的垄断行为实际已经侵害了美国的利益，对美国的相关产业造成影响。在这一前提下，美国可以对富士等日本企业行使反垄断法的域外管辖权，对富士等企业的垄断行为处以高额罚款、赔偿，乃至使其承担刑事责任。但是，本案最终是凭借贸易规则解决的，美国并没有动用反垄断法域外管辖权，而是采取了反倾销调查、301 条款行动和 WTO 争端解决机制的方法来解决问题。世界上反垄断法最发达的两个国家之间出现的反垄断争议，没有运用反垄断法解决，而是开创了 WTO 作为贸易组织裁断竞争问题的先例——现存的国内反垄断法在处理国际争端时所具有的局限性可见一斑。

（二）贸易政策与国际反垄断法冲突

在全球贸易战的硝烟中，反垄断法的国际冲突与贸易保护主义联系在一起。一般来讲，在国际经济形势严峻、贸易保护主义抬头的特定时期，国际反垄断法的冲突也会随之凸显。一方面，在贸易保护主义思想的影响下，有些国家会在实施反垄断法时放宽违法判断的标准或者放任某些垄断行为的实施，以达到排挤国外竞争者，保护本国竞争者市场份额的目的。例如，在 2008 年次贷危机爆发后，美国布什政府在出台一系列贸易保护措施以抵消美国贸易开放措施的同时，没有提起过一起滥用市场支配地位的案件，对待高度集中市场上的合并也十分宽容；仅仅是在对于国际卡特尔的规制上较为积极。而在美国经济走过低谷、显现复苏以后，随后继任的奥巴马政府推行了相对积极的反垄断政策。台湾学者罗昌发博士认为，反垄断法是否适用及如何适用，对贸易影响甚大，其影响涉及两种情况：其一是反垄断法对纯粹国内垄断行为的影响。如，不管制国内垄断行为，导致外国产品无法进入国内市场；其二是反垄断法对跨国垄断行为的影响。如不管制本国的出口者或跨国公司的行为，导致影响外国的贸易上的利益；或过度管制外国出口者的跨国反竞争行为，导致外国出口者的利益受到影响。[①]这一做法的另一个特点是，与 WTO 法没有明显的冲突，演化为 WTO 平台上的争端的几率很小。在当前国际经济发展形势下，跨国公司影响力日益上升带来的制造、贸易、投资的国际因素增长，令市场准入、关税、非关税措施的重要性受到了

---

① 罗昌发：《贸易与竞争之法律互动》，中国政法大学出版社 2003 年版，第 17 页。

前所未有的重视，在这些贸易措施受到国际准则的限制之后，国际竞争加剧的同时，反垄断法成为企业寻求贸易保护的替代性选择，以及政府达到贸易目的的替代手段。因此，在另一方面，内国反垄断法贸易保护的态度，必定带来外国反垄断法积极采取包括域外管辖在内的一系列具有涉外性质的手段来维护本国利益。同样的，在经济形势严峻的时期尤其如此。上述的两方面态度，通常会在一个国际主体身上同时出现，表现出一种明显的“内外有别”。再加上反垄断法域外管辖权等实施方式本身的争议性，反垄断法的国际冲突时常上升为两国的政治争端或者贸易战。这种无序的冲突解决方式频频发生，昭示着反垄断法国际协作机制的重要性，也说明了现实反垄断法解决国际冲突时的无力。某种意义上讲，贸易政策陷入了维护垄断与反垄断的一种悖论当中。

在关税壁垒作用减弱的当今世界，具有显著竞争影响的贸易政策手段包括：

第一，政府的贸易安排。一国政府保护国内特定产业国际竞争力的贸易安排包括：（1）促进出口政策；（2）进口替代政策；（3）出口管制政策。[①]这些政策的实施手段多种多样，最常见的是三种政府主导的管理安排，即自愿出口限制、有秩序的销售安排和自愿进口扩张。这些保有或开辟市场份额的手段通常具有隐蔽性，以至于其产生的效应难以被准确地估量。但是毫无疑问的是，这种安排的本质在于以牺牲进口国福利的代价换取本国竞争者的市场份额。

第二，反倾销与反补贴。双反是最常见的国际贸易救济手段，尤其被贸易大国频繁地使用。近年来，我国就频繁地被卷入双反争端，直接导致我国企业被课以高额的双反税或者直接放弃了一些潜在的海外市场。对相关案例的研究和实践表明，双反措施在使用时常背离了其立法初衷，导致贸易政策与竞争政策的有益效果被相互抵消，有的国家和地区已经部分放弃了双反做法。有人认为，以反垄断法代替双反措施是更好的做法，但基于反垄断法国际协作平台的现状，这一想法至少短期内很难实现。

第三，政府干预行为。政府干预是一个宽泛的概念，前面所述的贸易政策手段均可以视为一种政府干预行为，但政府干预的手段远不仅此。在不同的法律和文化环境中，政府干预的手段灵活多样，外延广泛。正因为如此，要界定某种政府干预手段是否能够促进贸易或有利竞争是一

① 白树强：《全球竞争论》，中国社会科学出版社2000年版，第181-183页。

项困难的工作。例如，当国家技术标准或资源保护标准更易为本国竞争者实施，或者有关法律规定的标准更易为当地厂商获得时，这些标准及有关立法就可能被视为一种贸易或竞争壁垒。政府干预行为所具有的隐蔽性和非量化性令受其影响的第三方更加难于应付。

从贸易政策的角度看，这些干预措施属于限制国际贸易自由的贸易壁垒。早在《关税及贸易总协定》（GATT）时代，其就以非关税壁垒的角度引起了国际贸易规则制定者的关注。1979 年 GATT 秘书处开列的非关税措施清单包括：（1）政府参与的贸易限制性做法；（2）海关及行政性入境措施；（3）贸易有关技术性壁垒；（4）特殊限制。如数量限制、进口许可证等；（5）进口税费。[①]但是，从反垄断法的角度来看，政府实施的这些贸易政策是一种内外有别的竞争政策，属于反垄断法原理所界定的限制竞争措施，是贸易进口国为了保护本国进口替代产业的竞争利益而采取的垄断性质的措施。因此，在进口国政府采取的这些干预措施不受其内国反垄断法规制的情况下，其有可能引发出口国的反垄断法域外管辖程序。从这个角度看，贸易政策与反垄断法在国际层面体现出一种天然的相反相成关系。经济实力较强的国家通过实施反垄断法为其国内企业出口贸易提供更全面的保护，进一步提升本国的国际竞争力；发展中国家则放宽反垄断法的实施标准为本国竞争者提供更多的保护，对抗来自国外的竞争压力。各国各行其是的反垄断法态度导致针对国际贸易的不同影响，而经济利益争夺的实质必然引起国际贸易的纷争。贸易政策以解决国与国之间的贸易障碍、消减壁垒等方式推进全球资源的优化配置和经济效率提升；竞争政策以管理国内市场竞争行为、维护国内市场竞争秩序的方式促进国内资源配置优化。两者侧重于不同的市场范围和调控手段，但从终极目标上看，两者是共通的。随着经济全球化的发展，贸易问题的解决更多地会涉及反垄断法，而反垄断法对贸易政策的影响也将随之增加。两者将在冲突与协调中相扶相长。

在检视贸易政策对反垄断法的影响力时，最显著的是各国经济利益的冲突。但在更深层次上，超越合理范围的经济管理政策与反垄断法之间的冲突反映了经济利益考虑对反垄断法价值的背离。首先，经济管理政策与反垄断法之间的关系具有两面性。一方面，政府实施经济管理政策的最终目标与反垄断法的最终目标具有一致性，经济管理政策能够客

---

① 白树强：《全球竞争论》，中国社会科学出版社 2000 年版，第 184 页。

观产生改善市场竞争环境的影响，反垄断法客观能够产生提高竞争者创造社会价值进而提高国民收入的能力；另一方面，经济管理政策所带有的倾斜性、阶段性和灵活性又会导致一些垄断现象的产生，造成与反垄断法原理相冲突的市场影响。因此，反垄断法内部体现出了与经济管理政策程度相当的兼容性，但是，当经济管理政策实施过程中某些市场干预手段在服务于阶段性政策目标时产生与终极政策目标的背离时，反垄断法兼容经济管理政策的基础也就丧失了。反垄断法与经管政策之间的冲突成为反垄断法终极价值目标与短期经济利益之间的冲突。相反，在国家将这一冲突控制在合理范围内时，两者就能够和谐共处。例如，美国最高法院在“United States v. American Tobacco Co.”[①]案中表达了这样一个观点：在对外贸易中，美国实施垄断法的一个主要目标是为了打击竞争者之间限制美国进口、固定进口价格或地域分割的国际协议；进口竞争常常刺激美国的国内产业更加集中并更加自给自足，因此，保护来自海外的竞争是维护竞争机制的基本要素，竞争者之间限制美国进口、固定进口价格或分割市场的国际协议属于本身违法的横向限制竞争协议。其次，各种经济管理政策的阶段性目标都不同程度地体现出对特定行业或企业的倾斜态度，这固然是国家利益的需要，但这种保护竞争者而不是竞争的做法必定造成与反垄断法价值目标的背离。正因为如此，才会产生了多种多样的反垄断法“豁免”，即将原本应该适用反垄断法的垄断现象人为地排除出去。因此，只有将反垄断法与经济管理政策的制定与实施均统合在共同的价值目标之下，克制短期经济利益因素的影响，两者之间才能实现理想的相辅相成状态，而不是脱离理性价值的冲突。

第三节　主权理念对反垄断法国际化的影响

公法性是反垄断法的重要特性，是反垄断法刑事立法、行政执法活动的重要理论基础。作为公法核心的主权理念对于反垄断法的立法和实施均有深远的影响。首先，某些国家认为反垄断法的国际化意味着建立某种自治的国际体系，因此其自身的主权权利将会受到严重的限制。这也是美国就将反垄断问题纳入 WTO 框架问题的立场进行阐述时表达的看法。其次，反垄断法的域外管辖问题与主权问题密切相关。许多国家

① United States v. American Tobacco Co., 221 U.S.106 (1911), p. 38.

认为，反垄断法的域外适用是对他国主权的侵害。比如，美国等国行使域外管辖权的做法时常成为他国外交抗议的内容。因此，认为反垄断法国际化会产生限制主权的效果，从而抗拒国际协作，依赖单边主义行为模式的做法成为反垄断法国际冲突的重要原因。

一、国家主权理念的更新与歧途

反垄断法是国家对市场经济活动主体的限制竞争活动进行调整的法律，是国家对内行使管辖权的重要表现形式。要实现反垄断法的国际化，势必对国家主权造成影响。在经济全球化浪潮将反垄断法一步步推向国际化的过程中，主权理念的进化是反垄断法国家化进程得以顺利推进的基础。

从主权理念的历史来看，主权首先意味着特定领土边界内的最高权力。行使这一权力的主体并不明确，但从一般概念上讲，就是主权国家。随着社会的发展，国家的主权权力内涵日益丰富。但是在市场经济体制上，这些丰富的内涵集中体现在为市场竞争者创造有利的竞争环境，进而为领土以内的人创造福祉。而现存的国际组织当中，比如经济合作与发展组织（OECD）、亚太经合组织（APEC）、欧盟（EU）等，都可以类推适用这一目标，亦即为成员领土范围内的竞争者创造有利的竞争环境并创造福祉。因此，国家不再是市场经济社会的唯一主角，国家主权的意义似乎正在被国际组织的作用所同化。在这种情形下，有必要将主权所代表的权力具体化，比如，人们在多大限度上期望或者相信国家能够创造一个有利的竞争环境；如果影响竞争环境的因素超越了国界的范围，国家能够在多大程度上保有主权；国家能够在多大程度上完成自身设定的目标；以及国家的实力强弱与国家的可信度之间是否具有比例关系。毫无疑问，主权权力已经发生了向其他主体的转移。至少一部分上移到了多个主权国家组成的国际组织的手中。那么，在主权国家的内部，是否存在受让主权的主体呢？与国际组织一样，企业被认为是受让了部分国家主权的主体。20 世纪的经济发展历程证明，跨国公司的发展与政府对经济活动的管制是一致的。两者同时对处于不同地点的一系列经济活动进行管制，以期实现整体上的协调发展。因此，有人认为，在过去的 30 年里，主权正前所未有的从国家转移到跨国公司。[①]主权并没有成为超

① [英]马赫 · M. 达芭：《反垄断政策国际化研究》，肖兴志、丁宁等译，东北财经大学出版社 2008 年版，第 128 页。

国家的或国际聚集政治特性的园地，而是退化为聚集政治力量的企业势力的系统。

无论是上移还是下移，无可辩驳的是，国家主权的行使者已经不再仅限于主权国家。这种转移可能造成一些对于主权的错误理解，比如最极端的主权过时论。但这无疑是没有依据的，因为在行使主权的舞台上，主权国家的主要作用并未改变，更没有消失。主权国家对国际组织的控制使其能够决定国际组织所有重大的决策；主权国家对企业势力的控制使国家可以利用企业势力达成许多目标，进而实现国家利益，特别是扩大反垄断法的管辖权，使之超越领土的限制。

二、国家主权理念的反垄断法应用

如前所述，当代主权理念内部存在反垄断法国际化的发展空间。将之应用于反垄断法的国际化当中，应当注意以下问题：

首先，我们必须承认，主权虽然对内具有处理一切事务的最高权力，但是，在处理国际事务时，主权天然地受到限制。因为各国拥有平等的主权，任何一个国家在对外行使国家主权时，均需要同时尊重他国的主权。而这种尊重，表达的就是一主权的自我限制。随着国际交往的加深，从某种意义上说，主权所受到的限制也在加深。国际公法当中已经达成共识的结论是：主权具有相对性，国家并不享有无条件主权，至少要受到国际公法的限制。但是这种限制会对主权带来什么样的影响，却是一个复杂得多的问题。一方面，当新的国家出现，或者从反垄断法的角度看，当新的反垄断法律体系出现，主权可能变得更加意义重大。另一方面，当全球化带来全球经济、文化的融合，或者全球性多边反垄断法律体系逐渐形成，国家主权似乎又不那么重要了。在全球化推进的时代，在这个高速变化着的时代，主权理念的也在不断地更新。准确把握时代的主权理念，与反垄断法国际化的前景密切相关。

其次，国际公法，包括国际交往对于主权的限制不应该被不恰当地夸大。如果反垄断法国际化在为主权理念添加新内容的过程中，走入了极端主权理念的歧途，反垄断多边协作机制的构建就会缺乏最基本的前提。我们必须看到，国际公法虽然对主权加以限制，但其远没有达到消灭主权的程度。国际公法所能做的就是限制国家的自由，也可能限制了国家的某些执行力，甚至暗含表达消灭许多国家以创造出一个新国家的意思。但是，主权国家完全抛弃自身的自由和权力的情况至多存在于理论当中，不可能成为普遍存在的现实。因此，至少反垄断法或者其他法律体系的国际化会导致主权完全丧失的可能性并不存在。而国际公法对于国家主权所作出的有限的限制，应该被理解为一种横向的主权丧失，而不是纵向的主权丧失，因为一国在丧失某种自由或权力的同时，也得到了其他的主权国家对这种权力或者自由的自我限制。因此，这种丧失毋宁说是让渡，是一国行使主权的表现。

再次，在反垄断法国际化进程发展到一定阶段以后，国际化的一项重要成果就是建立具有自治能力的反垄断法多边协作机制。毫无疑问，这一机制将会对国家主权造成一定程度的限制。类似于已经较为成熟的欧盟竞争法就对欧盟成员国对内行使管理权的限制。这一限制结果是当今信奉单边主义力量的国家所不愿接受的。比如，美国将不再能频频使用域外管辖权。因此，抗辩的声音可以预见：主权国家对内基于地域原则行使反垄断管辖权，对外基于保护自身利益和权益的需要（即保护国家主权的需要）行使反垄断管辖权，这些权利不应受到限制。但是，这些限制同样是一种主权的让渡，是实现反垄断国际协作的一种自然产生的副产品，而不是主权的丧失。

综上所述，反垄断法是人类经济水平发展到一定阶段的产物，其肩负着实现多重法价值的任务，同时又显著地受到国家经济管理政策的影响。这就注定了反垄断法国际化进程中，不管是理论还是实践都面临内在矛盾带来的国际冲突。历史的看，反垄断法在不同的市场经济发展阶段，受到不同的价值理论和国家政策的影响，具有不同的特征。而在同一个时代，不同经济体市场发展水平的差异和对于竞争文化的不同理解也必然导致反垄断法在不同的经济体内大不相同，国家利益的关切使得这种不同演变成为反垄断法实施中的实际冲突。在经济全球化的时代，在全球经济发展水平差距前所未有地扩大的同时，各个经济体之间的联系却前所未有的密切，这就促使不同经济体的反垄断法在差异性扩大的同时，实施中却出现了前所未有的广泛的相互牵连和空前尖锐的利益矛盾。在这种形势下，反垄断法的国际冲突实际上已经影响着世界各国——无论是反垄断法的主动实施者，还是国内反垄断法一片空白的被动接受者——成为一个不可回避的国际问题。

第二章　反垄断法立法冲突

随着经济全球化趋势日益增强，尤其是国际经济贸易和跨国公司的发展，各国考量经济发展的视野从一国拓展到多国。就反垄断法而言，国际卡特尔、跨国企业兼并、滥用国际市场优势地位等跨越国界的垄断行为对反垄断法提出了新的要求。

毫无疑问，各国反垄断法已经不同程度地做出了反应，但是，如前所述，基于反垄断法自身特性的作用，其在国际反垄断实践中，种种问题显而易见。一方面，各国反垄断法立法内容冲突问题显著。目前，从西方发达国家反垄断的立法和实施的实践来看，反垄断法已成为保护国家产业竞争力的重要手段之一。比如，曾在各国反垄断法中盛行一时的对外贸易卡特尔豁免的规定，就是基于保护本国企业市场竞争力的考虑设置的。由于此类做法带来的保护效应以牺牲外国市场有序竞争为代价，其势必遭到外国的诟病，带来国际领域内以贸易摩擦为外在表现形式的反垄断的冲突、矛盾。随着国际经济贸易和跨国公司的发展，经济交往的国际化趋势不断加强，在许多情况下，商品生产或经济活动都要跨越数国，国内商业与国际商业在内容上不断地混同，因此，很难通过制定法律来保护所谓的“国内商业”，反垄断法的立法和执法都面临着挑战。垄断行为的影响波及全球已经是不争的事实，但不少发展中国家仍无反垄断法立法，也有一些国家对垄断行为的规制范围较窄，这就导致反垄断法的国际消极冲突不可避免。但由于消极法律冲突的解决方式一般为加强立法，变消极冲突为无法律冲突或积极法律冲突，即从相当多的情形来说，积极冲突是解决消极冲突的结果，因此，本文重点论述反垄断法国际冲突的积极冲突，以期间接地实现解决消极冲突的目的。另一方面，各国反垄断法在法律实施中的矛盾也引人注目，这将在下一章的内容中进行论述。

对反垄断法国际冲突的探讨，必须将冲突的表现形式与具体的法律制度相结合。本章依据各具代表意义的反垄断立法所调整的企业限制竞争行为的一般内容框架，分三个方面论述反垄断法实体内容冲突的表现形式。这三方面内容主要涉及的反垄断行为分别为：（1）禁止限制竞争协议。即经营者（各类企业或企业协会、行业协会）通过合同、决议或者协调一致的行为，共同实施的划分市场、限制价格或产量等反竞争的行为。（2）禁止滥用市场支配地位。即具有市场支配地位的企业滥用这种优势，实施排挤竞争对手、损害消费者权益的限制竞争行为。（3）控制企业并购。即对企业通过合并、收购或者联营等方式达到垄断市场的地位进行控制。当这些垄断行为具有国际因素、其同时与几个国家发生密切联系并同时影响到几个国家的国家利益时，各国反垄断法实体内容的国际冲突就显现出来。

第一节　限制竞争协议

以卡特尔组织为主要表现形式的限制竞争协议是最典型的垄断行为之一，时至今日，其危害性已经得到广泛认知，因此，许多国家均利用国内反垄断法对其进行了规制。同时，基于卡特尔在实践中，尤其是历史特定时期所具有的提升生产能力、进化生产技术以及增进社会福利的作用，在这个经济全球化激化国际竞争的时代，各国国内法不约而同地对卡特尔进行了一定程度的豁免。在反国际卡特尔国际合作非常有限的情形下，这些关于卡特尔的规制与豁免的国内反垄断法规定，就是规制具有种种国际因素的卡特尔组织的主要法律规定和最重要法律依据。因此，研究国内反垄断法对于卡特尔的规制与豁免，对于厘清反国际卡特尔法的相互冲突和推动反国际卡特尔法的协调统一具有重要意义。

一、限制竞争协议界定冲突

在界定何为限制竞争协议时，许多国家采取了概括禁止例外豁免的立法实践，但这种情形并非绝对，也非一蹴而就。而且，即使在基本禁止态度相同的国家，其立法差异仍然显著。

（一）概括禁止的基本态度

综观各国的反垄断立法，对于限制性竞争协议的基本态度是极为相似的。许多国家都采用了概括禁止的基本态度，即将限制竞争协议列为反垄断法禁止的内容，同时佐以必要的豁免。比如，意图统一欧洲反垄断立法的《欧共体条约》第 81 条第 1 款规定："下列事项因与共同市场不相容而被禁止：企业之间的协议、企业联合组织的决议或协同行为，可能影响成员国之间的贸易，并以阻碍、限制或扭曲共同市场内竞争为目的或者产生此种效果；特别禁止下列事项：（a）直接或者间接地固定购买、销售价格或者其他的交易条件；（b）限制或控制生产、销售、技术进步或者投资的；（c）划分市场或供应来源的；（d）在相同的交易条件下对交易对象实施不同的交易条件，从而使其处于不利的竞争地位的；（e）要求对方当事人接受与合同的标的在性质上和商业惯例上无关的额外义务，并将其作为签订合同的前提条件。"同时，第 81 条第 2 款和第 3 款，分别对禁止协议的当然无效和豁免适用该条第 1 款禁令的条件做出了规定。作为反垄断制定法的典型，《欧共体条约》的上述规定可以视为概括禁止基本态度的集中体现。这一态度在美国、日本、韩国、德国等国的反垄断法立法当中都有形式不同的体现。[①]

另外，各国现行立法尊重的概括禁止基本态度并不是从来就有的，其在反垄断立法中的地位的确立是一个发展的过程。总体趋势上看，这一过程是一个从柔和走向严厉、从简单走向复杂的过程。例如，在而今对限制竞争协议规制严厉的德国，直到 1998 年才将限制竞争行为界定为概括禁止行为。而在此之前，作为德国规制限制竞争协议的最主要法律依据的德国《反限制竞争法》仅仅确认了限制竞争协议的无效性。该法第 1 条规定："企业或企业协会为共同目的所订立的合同以及企业协会的决议，其目的如果是限制竞争，且影响了商品或劳务的生产或市场情况，则无效。本法另有规定者不适用上述原则。"根据这一无效认定，当事人不能依据限制竞争协议或决议主张其法律权利，但签订限制竞争协议的行为本身却不被法律禁止，更谈不上受到反垄断法的制裁。直到德国在 1998 年对《反限制竞争法》进行第 6 次修订以后，德国才将"处于竞争关系之中的企业达成的协议、企业联合组织做出的决议以及联合一致的行为，如以阻碍、限制或者扭曲竞争为目的或使竞争受到阻碍、限制或者扭曲，予以禁止"。虽然法律同时规定了一些豁免的情况，但限制竞争

---

① 作为一个判例法国家，美国针对限制竞争协议的基本态度是在一系列的判例中逐渐稳固的，这些判例将在后文对限制竞争协议的原则分析中提到。

协议被概括禁止的地位得到明确。当然，作为法律概括禁止的行为，限制竞争协议仍是无效行为。限制竞争协议概括禁止地位的确立必然带来一系列的反垄断法限制竞争协议规制的新变化，例如，针对存在有益实效的限制竞争协议的豁免规定，针对被禁止限制竞争协议的制裁规定以及相关的程序、机构设置。这些新变化无疑将增加限制竞争协议的反垄断立法的复杂性，但却是概括禁止基本态度实施效果的保障，是与概括禁止共生的必备安排。

（二）禁止原则的交叉使用与更迭

界定限制竞争协议的非法性时，合理原则（rule of reason）和本身违法原则（per se illegality）是理解有关反垄断法立法精确含义的最重要的分析方法。它们产生于美国法院审理违反《谢尔曼法》第 1 条关于限制竞争协议规定的司法实践，而后被逐渐扩展应用于更广泛的反垄断法行为规制和反垄断法使用国家，但其主要被用于界定限制竞争协议非法性的情形仍然没有改变。

1. 合理原则

《谢尔曼法》第 1 条是规制限制竞争协议的重要法律依据，但该条只是笼统规定限制贸易或商业的联合、共谋是非法的，缺乏可操作的具体标准。从某种意义上讲，商业合同都有一定程度的限制贸易效果，例如，A 公司和 B 公司签订买卖合同，A 公司购买 B 公司在一定期限内生产的所有产品，这样的合同实际上排除了其他人与 B 公司签订合同的可能性，这也可以说是限制了贸易。但是，如果在适用法律时进行这样的解释，显然会破坏正常的商业秩序，不具有可行性。因此，《谢尔曼法》的适用离不开美国法院创制的判例法，这是由美国的立法传统决定的。

判例法必在司法实践中逐渐形成，因此，合理原则的形成也并非一蹴而就。随着美国法院针对《谢尔曼法》第 1 条所做出的理解日益深入，在 1911 年的美国标准石油公司案（The Standard Oil Company of New Jersey et al. v. The United States）中，怀特（White）法官代表法院首次明确提出了判断行为违法性的重要原则——合理原则。在该案中，美国标准石油公司被指控通过掠夺性定价等多种手段排挤竞争对手、垄断原油和精炼油市场，该公司的行为最后被美国联邦最高法院认定违反《谢尔曼法》，并被判令分拆。在判决中，怀特法官提出，《谢尔曼法》“应当用合理的原则进行解释，如果这样解释的话，它禁止所有在州际贸易中做出不合理或者过分的限制的协议和联合"[①]。根据这一解释，有关协议和行为在适用反托拉斯法时应当使用合理标准进行解释，而不是像美国法院在美国诉泛密苏里运输协会案等案件中所认为的那样：《谢尔曼法》谴责"任何"限制贸易的协议[②]。在 1918 年的芝加哥商品交易所诉美国案（Chicago Board of Trade v. United States）中，美国最高法院对合理原则作了进一步详细阐述。在该案中，政府指控芝加哥商品交易所的谷物交易规则对成员交易所作的限制固定了谷物交易价格，因此是违法的。美国最高法院法官布朗迪斯（Brandeis）在判决中写道："一项协议或规则的合法性不能根据其是否限制竞争这样的简单标准判定。任何有关贸易的协议，任何贸易规则都存在限制。约束和限制是协议和规则的本质。真正的合法性标准在于这种限制仅仅规制并且可能因此促进竞争，还是限制或者甚至破坏竞争。为决定这一问题，法院通常必须考虑这种限制所适用的交易的具体事实、限制实施之前和之后的情况、限制的性质以及可能存在或现实存在的后果。限制的历史、据信存在的弊病、采取特定补救措施的原因、所要达到的目的和结果都是相关因素。这并不是因为一个好的意图会挽救一个在其他方面令人反感的规定，或者相反，而是因为关于意图的知识能够帮助法院解释事实和预知结果。"[③]根据法院的阐述，合理原则可以理解为：有些行为不能仅仅通过该行为本身来判定其是否违法，而必须综合考虑相关市场的具体情况、行为的意图、行为的方式、行为的后果等因素后才能对其是否违法做出判断。

在美国，合理原则被广泛适用，认定许多限制竞争协议是否违法也适用合理原则。合理原则的确立体现了反垄断法在适用中的不确定性和灵活性。由于判断行为违法性需要考虑众多因素，而这些相关因素的重要性在很大程度上取决于法官的认识和好恶，因此，反托拉斯法相关条文的适用具有很大的弹性。当然，合理原则的采纳在避免法院裁决机械和僵化的同时，也在法院对限制竞争协议持宽松态度的时候，使得被指控的限制竞争协议成为合法的行为。

---

① The Standard Oil Company of New Jersey et al. v. The United States, 221 U. S. 1,(1911), http://www. antitrust cases. com/summaries/221us001. htm, visited 8th, May, 2009.

② United States v.Trans-Missouri Fright Assn. 166 U. S. 290 (1897).

③ [美] E. 吉尔霍恩、W. E. 科瓦西克：《反垄断法律与经济》（英文第 4 版），中国人民大学出版社 2001 年版，第 175 页。

2. 本身违法原则

尽管美国法院对限制竞争协议违法性的适用标准和宽严尺度在不同时期有不同的做法，但是，对于严重限制竞争的固定价格行为，法院的态度一向较为严厉。在 1927 年的特伦顿陶器公司案（United States v. Trenton Potteries Company et al.）中，美国最高法院阐述了其对固定价格行为的态度。在该案中，控制美国大约 82%市场份额的陶器（主要用于卫生间和浴室）生产商组成联合固定价格和限制销售。被告抗辩说：它们所固定的价格具有合理性。在案件提交美国最高法院时，最关键的问题是被告所固定的价格的合理性能否成为有效的抗辩理由。法官斯通（Stone）代表最高法院发表了看法："每一个固定价格的协议的目的和结果，如果有效的话，就是对一种竞争形式的取消。……今天合理的固定价格由于经济、贸易的变化可能在明天就会变为不合理的价格。一旦确定下来，就可以维持不变，因为固定时合理的价格协议所导致的缺乏竞争。创造这种潜在权力的协议可以完全被认为是本身不合理的或者违法的限制，没有必要详细调查一项被固定的特定价格是否合理，也没必要使政府在实施《谢尔曼法》的过程中承担这样的负担，即天天确定该价格是否仅仅因为经济条件的变化而变得不合理。"[①]根据法院的这一阐述，固定价格协议本身就是违法的，不必去考察价格是否合理，这体现了法院对固定价格的严厉态度。在经济大危机期间，美国法院也曾一度放松了对限制竞争协议的规制，但在经济危机之后，美国法院很快恢复了其对价格卡特尔所采取的较为严厉的态度。在 1940 年的索科尼维康石油公司案（United States v. Socony-Vacuum Oil Co.）中，美国最高法院再次阐述了其对固定价格等严重限制竞争协议适用本身违法原则的立场。在该案中，为了避免激烈的价格竞争并防止石油价格不断下降，索科尼维康石油公司等多家石油公司达成了协调购买石油的计划，以促使石油价格上升。美国最高法院认为这些公司的行为违反了《谢尔曼法》，并拒绝将固定价格的合理性作为有效的辩护理由。法院在判决中指出："根据《谢尔曼法》，在州际或与外国的贸易中，任何以提高、压低、固定、刺激或稳定商品价格为目的并具有相应效果的联合都是本身违法的。"[②]在索科尼维康石油公司案以后，本身违法原则作为判断限制竞争协议等垄断行

① United States v. Trenton Potteries Co. et al. 273 U. S. 392 (1927).
② United States v. Socony-Vacuum Oil Co. 310 U. S. 150 (1940).

为违法性的重要原则进一步得到确立。但是，在 2007 年的次贷危机时，维持了一个多世纪之久的纵向固定价格适用本身违法原则的做法被改变。以后，除非国会干预，转售价格维持将适用合理原则[①]。

本身违法原则体现了法院对于固定价格等严重限制竞争行为的严厉态度。根据法院的阐述，本身违法原则基本含义是：某些严重损害竞争的行为已经被有关司法判例确定为本身是违法的，只要在商业活动中出现该行为，就可以不考虑其他因素而判定其违法。根据美国反托拉斯司法实践，本身违法原则主要适用于固定价格、划分市场等严重限制竞争的协议。如果某种行为适用本身违法原则，原告在诉讼中不需要就被告的意图、行为的具体方式、损害后果等因素进行举证，法院也可以直接根据行为本身断定其违法，这大大提高了司法效率。本身违法原则在很大程度上消除了美国反托拉斯法在适用中的不确定性，排除了当事人希望通过证明其行为合理性等方式规避责任的企图，因此可以有效地威慑和遏制价格卡特尔等严重限制竞争行为。适用本身违法原则虽然简便，但也因此显得武断。随意适用本身违法原则可能干扰正常的商业活动，并损害涉案当事人的合法权益。从美国反托拉斯实践情况来看，法院适用本身违法原则是比较慎重的，本身违法原则所适用的行为种类也比较少。为了使案件审理活动更加科学、合理，法院一直努力尝试将现代经济理论应用到反托拉斯问题的分析上，它们不可避免地更多选择了合理原则而不是本身违法的分析方法。[②]

在合理原则与本身违法原则在美国反垄断法中树立起判断限制竞争协议等垄断行为违法性的重要原则地位以后，其效力范围的冲突与变化也成为一个重要的问题。2007 年，凭借 Leegin Creative Leather Products v. PSKS.一案，美国最高法院的保守派阵营改写了反托拉斯法的一部分内容。案件争议焦点在于：厂家限定零售商销售其产品的最低价格的行为是否符合美国反垄断法。根据 1911 年的案例，这种行为“本身违法”。但在 Leegin Creative Leather Products v. PSKS.案中，最高法院九位法官以 5∶4 的接近票数，推翻了确立于 1911 年的“本身违法”原则的适用。

① 赫伯特·赫温坎普：《联邦反托拉斯政策（第三版）》，许光耀等译，法律出版社 2009 年版。中文版作者序。

② Thomas A. Piraino, “Reconciling the Per Se and Rule of Reason Approaches to Antitrust Analysis”, *Southern California Law Review* 1991 (64), p. 739.

Anthony Kennedy 大法官认为：此类最低定价安排，不应适用“本身”的规则，而应适用“合理规则”；当这种定价导致不公平竞争后果时，其应被禁止，但若没有影响公平竞争，其合法有效。而 2007 年的这一次两大原则适用范围的扩张与退让既不是第一次，也不会是最后一次。仍以厂家对零售商的限价行为为例，在 Leegin 案之后不久，美国爆发次贷危机，迄今也未能完全走出危机的阴影。在这样的时代背景下，美国国内对于 2007 年判例的反对声此起彼伏。州立法机构纷纷更新立法以加强对固定价格行为的控制，检察官则又以州立法为依据对试图令经销商固定销售价格的厂家提前控诉。在马里兰州，立法机构于 2009 年通过了一项针对固定价格行为的法案，该法案禁止一切的最低限价行为。在美国国会，民主党也正在努力以立法的形式推翻通过 2007 年 Leegin 案确立的判例。2010 年秋，床褥制造商 Tempur-Pedic 仍因迫使经销商接受其指定销售价格的行为而遭到指控，而检察官 Andrew Cuomo 的控告依据正是一项 2007 年以后才获通过的州立法。在这样的情形下，美国反垄断法专家 Michael Lindsay 嘲讽地说道：“当 Leegin 鼓励政府通过法律影响零售商们将更多的时间和精力用于提升消费者的鉴别力，乐见于斯的消费者支持 Leegin。”“但那些不依赖于零售商，而是自己搜集信息并由此决定自己的消费行为的消费者则不乐意为零售商所提供的这项额外服务付费，并很可能由此反对 Leegin……同理可知，对于拼命压缩运营费用的经销商来说，Leegin 也不是个招人喜欢的判例。”[①]随着反垄断法立法（包括成文法和判例法）的发展，合理原则与本身违法原则的冲突已经不仅仅限于非此即彼，更多的时候，在界定限制竞争协议的非法性时，需要两种原则交叉使用，各取所长。同时，在交叉使用的前提下，两种原则的适用范围的大小还存在变化中的更迭。

二、限制竞争协议豁免冲突

（一）类型豁免冲突

所谓类型豁免，即反垄断法立法当中直接赋予某种限制竞争协议以

① Ashby Jones, *Push to Undermine Key Scotus Ruling Gains Steam in States*, http: //blogs.wsj.com/law/2010/12/22/push-to-undermine-key-high-court-antitrust-ruling-gains-steam-in-states/?KEYWORDS=antitrust+law visited 27th, Dec., 2010.

合法地位的做法。只要被类型化的特定符合反垄断法多规定的特定形式，即可获得豁免。但是，在形式要件的背后，类型豁免往往考虑了国内的经济发展现状以及有关国家政策利益。比如，《欧共体条约》认为，农业政策优先于竞争政策。那么，符合欧共体农业政策的农业卡特尔自然就可以从被禁止的限制竞争协议当中被排除出去。

对类型豁免的最典型立法形式是直接在国家反垄断法中予以明确规定。在德国、日本、英国、欧盟、荷兰等国家和地区的反垄断法律体系中均存在类型豁免制度。具体的豁免内容包括：独家销售协议、独家购买协议、技术转让许可协议、保险协议、汽车销售协议等纵向协议和联合开发、研究和专业化协议等极少数的横向协议。此外，德国反垄断法中曾经出现过专门化卡特尔、条件卡特尔、合理化卡特尔、结构危机卡特尔、中小企业卡特尔、出口卡特尔等多种类型豁免，但随着时代的变迁和反垄断法的变革，这些类型豁免制度绝大多数都被废止，只有中小企业卡特尔得予保留。作为日本反垄断法一大特色的不景气卡特尔也遭遇了类似的待遇，在帮助日本经济渡过难关以后，在 1999 年被全面废止。随着反垄断法律的精细化以及反垄断法实施机构经验积累、裁判能力提升，类型豁免的范围正在国家立法的修订下而逐渐缩小，并被反垄断法实施机构予以严格解释。现存豁免的主要形式是个案豁免。

但是，作为限制竞争协议豁免制度的一项普遍存在的内容，类型豁免仍然有自己的市场。由于类型豁免通常采取符合法定要件即自动取得的实施方式，因此，其对于减轻反垄断机关工作量，减轻来自有关企业的行政管理负担，提升反垄断法实施的效率有显著作用。如欧盟的类型豁免就是通过专门条例的形式加以规定，独家销售、独家购买、选择性销售和特许销售四类类型豁免分别适用各自专门的豁免条例。

因此，各国类型豁免范围的不同也会直接带来一定范围内的同一市场行为受到不同的反垄断法评价，冲突的反垄断法结论会造成有关企业的无所适从。此外，类型豁免同样具有个案豁免所具有的不稳定性和灵活评价原则。例如，类型豁免所附含的撤回条款授权在反垄断法实施机构认为（1）豁免条件已不复存在，（2）被豁免协议无益有效竞争时，行使豁免撤回权。更典型的情况是，在类型豁免的积极标准和消极标准中充斥着含义不确定的表述，从而为反垄断法实施机构的不同解释留下空间。在反垄断法价值侧重点或政策倾向性发生变化时，类型豁免的范围随之变化。因此，类型豁免并不意味着绝对豁免。主管机关的倾向性仍然会对类型豁免产生影响。在国际视野下，这种影响成为国际反垄断法冲突的制度空间。

（二）个案豁免冲突

不属于类型豁免的限制竞争协议，也存在依据反垄断法取得合法地位的可能性。个案豁免是指相对于类型豁免所作的限制竞争协议豁免：其不是针对整个协议类别，而恰好是针对类型豁免协议以外的特定协议；其不能自动获得，而要经过反垄断法程序的认定和许可。因此，个案豁免在标准和原则上都可能出现国际冲突。

首先，个案豁免原则规定的形式和内容存在严重的国别差异。对比美欧之间的个案豁免制度，两者区别明显。美国的个案豁免制度呈现出“一案一标准”的特征。美国个案豁免的标准并不存在反垄断法制定法标准，而是依靠反垄断实践当中确立起来的“合理原则”，而合理原则赋予美国法官考虑细枝末节的个案特征以及方方面面的社会因素的权利。因此，总结美国个案豁免的案件，难以得到一个具有一定普适性的价值判断或者明确标准。而且，即使存在相关豁免的指南，其稳定性也不足以指导后来的同类案件。欧盟的个案豁免标准则被明确地写进了《欧共体条约》。条约第 81 条第 3 款规定了两个获得豁免的积极条件：有助于改进商品的生产或者流通，或者促进技术或者经济进步，同时使消费者公平分享由此而产生的利益；以及两个消极限制条件：这些限制对上述目标的实现来说是必不可少的且协议不得使企业有可能在相关产品的重要部分消除竞争。基于欧盟竞争法对于欧盟成员国的效力，欧盟许多成员国的竞争立法都采用了和欧盟基本相同的标准。不过，欧盟标准中充斥的“进步”“重要”等抽象性的描述，使得欧盟标准从本质上来说与美国标准需要反垄断法实施机关考虑广泛因素进行裁夺的做法并无二致。因此，不论个案豁免的原则呈现出多么巨大的形式差异，其依赖本国反垄断实施机构灵活的价值判断的本质是相同的。但这并不代表个案豁免标准冲突的消失，相反，实施机构变化无常的评估原则更加易于产生难以预见结果的国际冲突。

其次，反垄断法法律实施部门在个案豁免中的冗繁程序规定一直遭人诟病。因此，程序问题一直是个案豁免制度的关注焦点。2004 年 5 月 1 日欧共体第 1/2003 号新条例生效，并取代了原来的第 17 号条例。新条例赋予《欧共体条约》第 81 条第 3 款直接的免责效力，废除了原先的通报和个案豁免程序。而在德国，个案豁免申报制度已经被取消。总的来说，个案豁免的程序趋于简化。但是，申报制度的取消，以及其他简化豁免程序的技术性做法，实质上进一步扩大了反垄断法实施机构的自由裁量权，并激化了个案豁免原则冲突。

总之，个案豁免的立法形式、实施标准和程序纵然千差万别，但从主要反垄断大国的实践做法来看，真正对个案豁免起决定性作用的因素是反垄断法制度规定背后的价值目标取向和政策指导因素。比如，美国的个案豁免认定当中，经济理论的影响显著，是否有利于提高市场竞争效率才是真正的首要豁免标准，如果不符合这个标准，即使有关协议具有任何有益因素，也基本不可能取得豁免。而在欧盟，欧盟市场一体化和商品流通自由化是欧盟竞争法最重要的目标，同时也是真正的豁免标准。欧盟各国不符合这一标准的豁免制度空间在不断被压缩，比如，最典型的出口卡特尔豁免，就已经退出了欧盟反垄断立法的舞台。但在我国，出口卡特尔的豁免被认为是有益于我国外贸利益的必要豁免。处于经济发展不同阶段的不同国家，其价值取向与利益需求的不同，其实施个案豁免的宽严与标准把握也就不同。从这个意义上讲，个案豁免的制度设计过于灵活，反而不易于实现国际协调一致。

三、限制竞争协议国际冲突的现实表现

限制竞争协议的国际冲突早已不是仅存于书面理论之中，而是实实在在地存在于各国的经济活动实践，其集中体现就是国际卡特尔。

（一）国际卡特尔的界定

在反垄断法视野中，“国际卡特尔”（International Cartel）系两个或两个以上生产销售同类商品的不同国家的经营者之间为限制竞争而组成的一种联合。[①]国际卡特尔具有以下特征：

首先，国际卡特尔的国际性体现在参与者国籍不同。也就是说，卡特尔的参与者是处于同一经济阶段但分属于不同国家的竞争者。在某些情况下，同一国家的多个竞争者之间所达成的卡特尔也可能对全球市场或者全球某一区域市场造成影响。例如，在某一产品市场上，某个国家

① 游钰:《论经济全球化背景下国际卡特尔的规制》，载《法治研究》2007年5期，第52页。

的厂商在全球市场上占据主导地位，如果该国厂商达成卡特尔共同确定商品价格或者对市场进行划分，则该卡特尔将对国际市场而不仅仅是国内市场产生影响。由于这种卡特尔的规制在实践中通常不涉及国际冲突问题，故不将其纳入国际卡特尔的范围，而视为具有涉外因素的国内卡特尔。但是，这种具有涉外因素的卡特尔也会引起域外管辖等和国际卡特尔类似的问题。当然，如果将卡特尔的影响效果是否具有国际性作为界定国际卡特尔的基础，则这种卡特尔可被视为国际卡特尔。例如，有的学者认为，“国际卡特尔就是具有国际影响的卡特尔。从参加卡特尔的成员出发，国际卡特尔又可分为出口卡特尔、进口卡特尔和跨国公司之间订立的卡特尔”。[①]

其次，国际卡特尔是不同国家的竞争者之间为限制竞争而达成的联合。在经济国际化、全球化趋势日益明显的情况下，许多产品的设计、生产、销售已经从国内扩展到国际范围，同业经营者也超越了国家边界的限制而在全球范围内开展竞争。对于厂商而言，参与国际市场竞争同时面临机遇和风险。为了规避竞争风险和获取更多的利润，厂商具有联合限制竞争的动因。但厂商间的横向协议并非必定是卡特尔协议、是反垄断法打击的对象，还可能是以提高效率和增加协调为目的的战略联盟。打击卡特尔，保护战略联盟，才是反垄断法的应有之义。因此，反垄断法在对前者加以限制的同时，还要注意以法律手段来防止后者受到反垄断法的误伤。在反垄断法的制定和实施过程中，区分两种不同的横向协议是制定竞争政策的前提，美国和欧盟反垄断机构都分别制定了条款（美国《反托拉斯政策指南》和欧盟《欧共体条约》第 81 条）对横向协议进行详细审查，实行规制与豁免并重的卡特尔法律制度。

再次，国际卡特尔在客观上表现为不同国家的经营者之间为限制竞争而进行行动上的协调。这种协调可以表现为达成和执行卡特尔协议，也可以表现为建立相应的组织并由该组织通过决议、建议等方式协调成员的行动。在国际卡特尔日益受到关注并可能遭受调查和制裁的今天，国际卡特尔通常采用隐蔽的方式协调行动。从协调的内容来看，国际卡特尔主要是通过各种措施协调确定国际市场上相关产品的价格、产量以

① 王晓晔：《反垄断法对跨国公司限制竞争行为的管制》，载王晓晔：《经济全球化下竞争法的新发展》，社会科学文献出版社 2005 年版，第 241 页。

及划分市场。这些卡特尔大多属于危害性比较明显的核心卡特尔（Hard Core Cartel）。根据经济合作与发展组织（OECD）1998 年的界定，所谓“核心卡特尔”是指竞争者之间的一种反竞争的协议或反竞争的协调行为或反竞争的安排，用于固定价格、操纵投标、确立出口限制或者配额，以及通过分配顾客、供应者、区域或商业领域来分享或分配市场。①

（二）国际卡特尔的产生与发展

1. 早期国际卡特尔

19 世纪中后期以来，在工业革命的推动下，各国的工业生产得到迅速发展，与此同时，交通运输业也得到迅速发展，这有利于先进国家的工业产品在世界范围内进行销售。随着各国之间贸易活动的开展，企业的活动区域从国内扩展到了国际。国际卡特尔在这种背景下应运而生。1867 年出现国际盐业卡特尔；1872 年国际苏打卡特尔和国际制碱卡特尔宣告成立。1883 年，在钢轨出口贸易的垄断局面被打破后，英国的钢轨制造商和德国、比利时的钢轨制造商达成了钢轨出口贸易的协议，并通过协议分配彼此的市场份额，约定三国分割国外市场的比例为：英国 66%，德国 27%，比利时 7%；这一协议到 1886 年 4 月才被取消。②这些瓜分市场的国际协定，实际上就是现代世界工业史上最初的国际卡特尔。

反垄断法的发展，特别是由美国走向世界，主要是发生在二战以后。而在《谢尔曼法》颁布实施之后到二战之前，国际商业贸易中的实际情况是：以德国为代表的大多数国家容忍甚至鼓励卡特尔的存在，而美国这个世界最大的经济实体却禁止卡特尔。因此，在美国国内，卡特尔利用各国不同的法律对待，通过境外设立公司来规避反垄断法；③在欧洲国家，卡特尔明目张胆的享受垄断利益。在第二次世界大战以前，国际卡特尔获得了迅速的发展。

在 19 世纪末 20 世纪初，英国是最先进的资本主义工业国家。为了

---

① OECD, *Recommendation of Council Concerning Effective Action against Hard Core Cartels*, http://www.oecd.org/dataoecd/39/63/ 2752129. pdf, visited 18th, Oct. 2009.

② [英]克拉潘：《现代英国经济史》(中卷)，姚曾庐译，商务印书馆 1975 年版，第 200 页。

③ 钟刚：《反垄断法豁免制度研究》，中国政法大学博士学位论文，2008 年 3 月，第 14 页。

打击英国突出的市场领先地位，其他希望争得市场先机的资本主义国家采取了组建国际卡特尔的手段来遏制英国的市场竞争力。其结果是，国际卡特尔最后也走进了英国。英国为了保护自身的市场优势地位，同样选择了使用国际卡特尔的手段。在当时的欧洲，公司组织则更愿意通过卡特尔形式进行合作，设定价格和分割市场，政府也一直支持这种行为。当卡特尔开始国际化后，国家就通过固定价格等手段来保护小企业、对抗大企业从而维持市场秩序和经济稳定。这种状况的支持者认为，卡特尔还可以取代残酷的“自私自利”的竞争，从而通过合作谋求公共福利，提高经济生活中的道德层次。这样的观点在立法中得到体现，直到在二战后德国制定的《反对限制竞争法》中，卡特尔豁免制度一直得到广泛的应用。①

这个时期的国际卡特尔大多是两三个欧洲国家垄断组织之间缔结的关于划分销售区域、规定出口限额和销售价格的协定，主要是德国与其他欧洲国家垄断组织之间的协定。在 1896 年前后，英、德垄断组织之间缔结的卡特尔协定有 22 个，德、奥之间有 13 个，德、比之间有 10 个，德、法之间有 9 个。如果把那些口头的“君子协定”也包括在内，这个时期内国际卡特尔的数目更要大得多。在两次世界大战之间，随着垄断化过程的加快和生产过剩危机的进一步恶化，各国垄断资本之间争夺世界市场和势力范围的斗争更趋激化，出现了国际卡特尔发展的全盛时期。在 1931 年，国际卡特尔的数目已发展到 320 个，到第二次世界大战前大约增加为 1 200 个。在这个时期，国际卡特尔对世界市场和价格的控制越来越起着决定性的作用。世界市场上成百种重要商品和许多重要的商品部门在很大程度上都为各种大大小小的国际卡特尔所控制。同时，这个

---

① 第二次世界大战前，卡特尔在德国发展得最快，其最初出现在煤炭开采业和钢铁业，后来扩展到各个工业领域，其中以重工业部门和金融领域最为突出。人们相信市场的自我修复能力。到 1925 年，德国的卡特尔数量达到了 2000～2500 个。具体可见[美]托马斯·K. 麦克劳:《现代资本主义——三次工业革命中的成功者》，赵文书、肖锁章译，凤凰出版传媒集团、江苏人民出版社 2006 年版，第 171 页。同时可参见[美]戴维·J. 格伯尔:《二十世纪欧洲的法律与竞争》，冯克利、魏志梅译，中国社会科学出版社 2004 年版，第 89-90 页。该书中提到，在德国，卡特尔并非始终是一种边缘性机构，而是变成了经济的一大特点。它们倾向于变得比欧洲其他地方更大、数量更多、地位更显赫。

时期的国际卡特尔不仅限于分割市场和规定价格等流通领域，而且已经扩大到分割世界原料产地和投资场所。各国垄断组织在国际卡特尔内的控制地位，也发生了重大的变化。在世界一些最重要的生产部门，如电气、石油、铜、铝等国际卡特尔中，美国垄断组织日益排挤西欧各国的势力而占据了重要地位。但在大多数中小型的国际卡特尔中，一些欧洲国家的垄断组织仍掌握有控制权。

在第二次世界大战以前，许多国家并没有建立完善的反垄断法律制度，对国际卡特尔缺乏必要的法律规制，这为国际卡特尔的发展确立了宽松的法律环境。除去法律空白以外，国际卡特尔的这种迅猛发展还得益于当时良好的舆论环境；各国之间经济贸易联系的日益加强以及产品生产、销售的初步国际化趋势也为国际卡特尔的发展提供了良好的经济环境。在思想舆论方面，在德国等许多国家，卡特尔（包括国际卡特尔）在总体上是有益的、法律只应在卡特尔滥用其权力时对它加以适当控制的观点在第二次世界大战以前具有重要影响甚至占据主导地位。而在各国遭遇经济危机的时候，卡特尔更被许多人认为是缓解经济危机的良方，一些国家对卡特尔加以扶助甚至强制实施。

但在战后，情况发生了变化：美国和欧洲的思想发生碰撞和交锋。很少关注国外卡特尔的美国成为了积极的反垄断法的国际推广者，其司法部反托拉斯局也由一个不起眼的组织体变成了一个涉及美国重大国际利益的重要机构，该局不遗余力地攻击国外的卡特尔组织，他们非常相信甚而迷信反垄断法的好处，认为欧洲政治失败引发的纳粹和世界大战，就是因为缺少这样一个反垄断的传统。①因此，尽管战后各国的反垄断法规定仍不尽相同，卡特尔规避现象依然存在，但国内同业经营者所达成的卡特尔对各国国内竞争秩序造成的危害却已经被广泛认知。

在深刻认识到卡特尔等垄断形式所带来的经济集中给社会经济发展以及政治生活所带来的不利影响的情况下，各国加强了对包括国际卡特尔在内的各种垄断的控制。以二战以前国内卡特尔盛行的德国为例，1957年德国《反限制竞争法》颁布以后，卡特尔在法律上成为一种被概括禁止行为，该法规定“处于竞争关系之中的企业达成的协议、企业联合组

---

① 所以，战后德国和日本反垄断立法的目的不仅在于解散卡特尔、排除经济力量的过度集中，同时还具有防止军国主义重新抬头的政治考虑。See Wyatt Wells, *Antitrust and the Formation of the Postwar World*, Columbia University Press (2002), pp.137-185.

织做出的决议以及联合一致的行为，如以阻碍、限制或者扭曲竞争为目的或竞争受到阻碍、限制或者扭曲，则是禁止的”[①]。而日本的情形也与德国类似。[②]同盟国通过解散卡特尔、解散财阀等措施大力改造德国、日本的垄断经济基础，促使自身实现经济民主化和自由化。德国和日本在战后也建立了比较完备的反垄断法律制度，加强了对卡特尔的监控。此类监控并未将国际卡特尔排除在外，事实上，这些国内法监控客观上在第二次世界大战后的一段时期内遏制了国际卡特尔的活动。但是，一些最大的国际垄断组织之间存在的卡特尔协定，仍未被瓦解，并深刻地影响着国际经济。

由于国际卡特尔能给厂商带来更多的利润并规避竞争风险，国际卡特尔对于相关厂商而言始终具有巨大的吸引力。国际卡特尔并没有在第二次世界大战后消失，经过短暂的战后蛰伏期以后，它随着西欧、日本经济的逐渐恢复而回复和发展。与被第二次世界大战打断的国际卡特尔相比，这时的国际卡特尔，碍于各国较为严厉的规制卡特尔的法律制度，活动方式表现出极强的秘密性。20 世纪中期以后，欧洲经济共同体采取了一系列手段对国际卡特尔予以禁止。于是，默契、密约或“君子协定”取代公开的国际卡特尔，成为争夺和瓜分世界市场的重要方式。而这一方式正是 20 世纪后半叶国际卡特尔的发展趋势和特点。

2. 经济全球化背景下的国际卡特尔

20 世纪 80 年代以来，世界经济发展呈现出明显的全球化趋势。全球化促使国际贸易壁垒的不断消除、金融管制的放松以及科学技术、通讯、交通等方面的迅速发展，越来越多的企业开始面向国际市场从事开发、生产、营销、融资等活动，企业的活动范围大大扩展。大型跨国企业的活动范围更是遍及各国。企业的活动范围和发展目标不再局限于本国国内，而是具有明显的全球性。在这种背景下，许多经济领域的竞争也不再局限于各国国内，而是在国际范围内展开。经济全球化为卡特尔的国际化创造了良好的条件，国际卡特尔在最近二十多年间迅速发展。进入新千年以来，国际卡特尔已经变得无孔不入，世界各地的生产者和消费者都难逃国际卡特尔的影响。有研究显示，从 1990 到 2008 年，约有 516 个针对具有国际卡特尔嫌疑组织的调查，受到这些国际卡特尔影响的成

---

①《德国反限制竞争法》，第 1 条。

② 游钰：《卡特尔规制制度研究》，法律出版社 2006 年版，第 62 页。

交额估计在 16 万亿以上。

在全球化背景下，国际卡特尔具有以下特点：首先，在国际竞争日趋激烈的情况下，能够对国际市场施加有效影响，组成国际卡特尔的公司的主要是大型公司尤其是那些大型跨国公司。例如，全球石墨电极卡特尔案所涉及的卡特尔成员是全球范围内石墨电极的主要生产商，其中包括一家美国企业、一家德国企业和四家日本或日本背景的企业。而在美国司法部查处的国际维生素卡特尔案中，涉案的厂商包括来自瑞士、加拿大、德国、日本的企业，其中包括著名的瑞士霍夫曼罗氏有限公司。[①]其次，国际卡特尔涉及的交易量更大，涉及的领域更广泛。根据美国司法部国际竞争政策咨询委员会（The International Competition Policy Advisory Committee）所提交的研究报告，在美国司法部反托拉斯局 20 世纪 90 年代查处的近 20 起国际卡特尔案件中，所涉及的经济领域包括食品和饲料添加剂、化学制品、维生素、石墨电极、船舶制造和运输服务。[②]再次，国际卡特尔以操纵价格、控制产量和划分市场等核心卡特尔为主要表现形式。例如，在美国司法部所查处的全球石墨电极卡特尔案中，石墨电极卡特尔在 1992 年至 1997 年存续期间操纵石墨电极产品价格，使该产品价格在美国上涨 60%，而在全球市场内，则使价格从每公吨 2000 美元上涨到 3200 至 3500 美元。[③]

国际卡特尔在经济全球化背景下的迅速发展给世界经济造成了巨大的损害。国际卡特尔的存在限制了相关市场的国际竞争，阻碍了世界范围内自由、公平竞争秩序的建立，也妨碍了经济全球化的进一步发展。国际卡特尔是不同国家厂商共谋获取高额利润的重要手段，消费者利益因此受到严重损害。经济合作与发展组织（OECD）《关于有效地打击核心卡特尔推荐意见》(*Recommendation Concerning Effective Action Against Hard-Core Cartels*)”认为，卡特尔无论是以何种形式，如固定价格、限制产量、操纵招投标、分割市场、提高价格和限制供应等，都会通过转移消费者的财富而导致生产者更加富有。卡特尔的危害极大，并且随着经济的全球化的发展，国际卡特尔日益增多，其涉及的市场范围更广、

① The International Competition Policy Advisory Committee, *Final Report*, http://www. usdoj. gov/atr/icpac/icpac. Htm, visited 7th, Jul. 2005.

② Ibid.

③ OECD: *Hard Core Cartels*, http://www.oecd.org/dataoeed/39/63/2752129. pdf，visited 18th, Oct., 2009.

影响面更大，造成的损害往往比一般的国内卡特尔更大。关于国际卡特尔所造成的具体损害，目前还没有非常全面的评估资料，但是，经济合作与发展组织（OECD）的竞争法律与政策委员会（Competition Law and Policy Committee）所提交的研究报告可以为我们提供一些有价值的参考：报告认为，尽管还无法非常清晰地评估核心卡特尔的损害，但是，有一些因素却是明确的：（1）最近被揭露的国际核心卡特尔仅仅在美国每年要耗费个人和企业数亿美元，虽然还不知道每年全球范围内的超高定价数额，但很明显要比上述数字高得多；（2）这些最近被揭露的卡特尔对美国商业的影响已经超过 100 亿美元，意味着这些特定的卡特尔仅仅在美国就要多收费 10 亿美元；（3）这些卡特尔在多收费的同时，还会造成资源浪费和低效使用，直接或间接导致对全球福利更大的损害。据估计，若卡特尔的额外收费仅仅为其商业影响的 10%，则其造成的资源低效影响可以达到卡特尔商业规模的 20%；（4）许多其他的国际和国内卡特尔在最近被揭露，由于这些卡特尔是在秘密状态下运作的，而且很难被发现和证实，因此，可以明确的是大部分最近和现在的核心卡特尔还没有被揭发。①

除了发达国家对于卡特尔的高度重视以外，发展中国家也对这一领域表现出了相当的关注。卡特尔组织将具有垄断利益的产品销往发展中国家，使发展中国家深受国际卡特尔的侵害，因此，发展中国家对国际卡特尔表示了严厉的批评。但是，与此同时，这些国家往往没有可以规制卡特尔入侵的法律体系，有些国家甚至还没有反垄断立法，这与发达国家具有的严密的反垄断法律体系、卡特尔豁免制度以及域外管辖权形成了鲜明的对比。在这样的情形下，发展中国家所遭受的损害和提出的批评缺乏最终的法律救济。因此，对于发展中国家来说，至少在严峻的国际卡特尔领域需要反垄断法的国际协作以及外来的技术支持和援助。

第二节　滥用市场支配地位

滥用市场支配地位是世界各国反垄断立法当中极为常见的一种垄断违法行为。按照《中华人民共和国反垄断法》（下称《反垄断法》）的规

① Ibid.

定，滥用市场支配地位是指在相关市场内具有能够控制商品价格、数量或者其他交易条件，或者能够阻碍、影响其他经营者进入相关市场能力的市场地位的经营者所从事的：（1）以不公平的高价销售商品或者以不公平的低价购买商品；（2）没有正当理由，以低于成本的价格销售商品；（3）没有正当理由，拒绝与交易相对人进行交易；（4）没有正当理由，限定交易相对人只能与其进行交易或者只能与其指定的经营者进行交易；（5）没有正当理由搭售商品，或者在交易时附加其他不合理的交易条件；（6）没有正当理由，对条件相同的交易相对人在交易价格等交易条件上实行差别待遇；（7）国务院反垄断执法机构认定的其他滥用市场支配地位的行为。[①]滥用市场支配地位一般被严格禁止。

一、滥用市场支配地位的国际影响

作为一种典型的垄断违法行为，滥用市场支配地位在经济全球化的浪潮下演化为国际贸易保护主义的一种形式。市场竞争不分国界，贸易行为也不分国界。在国际贸易当中常见的关税壁垒以及随后成为主要贸易壁垒形式的非关税壁垒被多边协作加以限制以后，反竞争行为呈现出一种“新兴贸易壁垒”的发展态势，而且，在国际经济实务中，已经被广泛应用。

（一）市场进入壁垒

随着 WTO 影响力的扩大，贸易壁垒的空间被不断压缩。而滥用市场支配地位的行为设置市场进入壁垒的作用则相应上升。国内具有市场支配地位的企业完全有能力在政府开放行业市场的情况下，凭借垄断行为限制外来竞争者的竞争，维护自身的国内市场支配地位。而且基于其行为的独立性与隐蔽性，外来竞争者包括外国的反垄断法管理机关，都很难确证这种行为存在滥用地位的违法性，进而打破进入壁垒。此外，享受国家授权的特权企业和在上游市场占据垄断地位的企业所实施的限制市场进入行为更加难以被查处。常见的这种壁垒行为包括：关联关系企业集团拒绝交易造成的壁垒；上游生产厂家对行销系统限制造成的壁垒；限制销售基本设施造成的壁垒。

这些壁垒可能造成与贸易壁垒相同的市场进入障碍，并且会减损本

---

①《中华人民共和国反垄断法》第十七条。

国市场竞争的活力和消费者获得更好福利的机会，但其也可能为本国带来可观的经济利益。因此，各国对于市场支配地位企业影响国内市场进入的行为存在不同的界定。总的来说，各国都以一定的方式准许一些具有上述壁垒效果的行为的存在。

例如，日本在许多情形下准许维持转售价格行为。日本《禁止垄断法》第 24 条第 2 款规定，生产或者出售公平交易委员指定的而质量易识别的商品的企业，其与相对人共同商定或者单方面维持转售价格的正当行为，不适用于该法的规范。该条同时规定了公平交易委员会指定商品的原则：该商品为一般消费者日常所使用，而且该商品已经有自由竞争者。而针对限制销售基本设施造成的壁垒，美国法院发展了一项“关键设施原则”（essential facilities doctrine），即如果某一市场竞争主体所提供的设施或者设备是无法仿制的，那么与这些设备或者设施具有必需关联性的排他性的约定被视为垄断违法行为。这一原则并未对国内的政府授权独占企业予以豁免，相反，当这些特殊企业在相关市场内设置“关键设施障碍”时，其不但不会得到政府的保护，还会受到政府的制裁。利用行销系统建立的进入壁垒的行动中，具有市场支配地位的企业不可能简单地利用与其经销商之间的约定方式进行，因为实践中已经有很多判例证明这种拒绝与外来竞争者交易的约定行为是违法的。意图建立壁垒的企业通常会选择单方面构建排他性行销体系的方式来规避反垄断法可能做出的滥用市场支配地位判断。针对这一做法，美国反垄断法再次选择了经济效率标准。只要具有市场支配地位企业所作的垂直安排被认为是有益经济效率提升，且具有不可替代的必须性，这种行为就不构成垄断违法行为。在这一问题上，认为垂直限制将会对中小企业产生不利影响的观点没有被美国的反垄断法所接受。

（二）滥用出口市场支配力

在反垄断法理论当中，掠夺性定价并未因为其具有贬义性的称谓而被认为违法。相反，某一市场竞争主体在以低于成本的价格策略挤占其他同类竞争者所拥有的市场之后，再以高于此前正常的竞争价格攫取利益的做法被认为是一种合理的商业策略。虽然在贸易法领域，至少存在反倾销法对有关掠夺定价的行为进行一定的规制，但这种规制是从进口准入或事后制裁的角度进行的，而不是从出口市场的源头上对这一行为进行规制。因此，这一行为的定性与规制问题上存在贸易政策与反垄断政策的差异性做法，这与出口国家更加关注出口利益的态度，以及贸易政策与反垄断法的价值追求不同是分不开的。

站在反垄断法的角度，当前占优的经济效率价值对掠夺性定价的法律分析发挥了作用。美国反垄断法认为，虽然掠夺性定价会导致一定时期内的价格畸高，但是在垄断利润对于其他潜在竞争者的吸引下，竞争者的重新引入将会使价格最终回复到正常的市场竞争价格水平。基于这一认识，美国法院认为，所谓掠夺性定价在实施前期造成了消费者获益的局面，虽然后期可能损害消费者的利益，但损害是可控的。美国法院保护的是竞争而不是竞争者，在掠夺定价问题上也不例外。美国联邦贸易委员会在 El Du Pont De Nemour Sand Company 一案中指出，反垄断法不会限制企业变得更有效率，并将效率提高带来的利益送给消费者。此外，美国的这一立场也与其并不重视单个消费者的地位有关，[①]因为若将消费者视为一个整体，其在价格掠夺中所受的损害能够一定程度上被价格掠夺行为前期带来的获益所弥补，其所受的损害看起来就小得多。

但从反倾销角度看价格掠夺问题。贸易立法已经为一场成功的反倾销诉讼提供了足够的法律准备和经验，包括：（1）价格竞争是否属于“不公平行为”的判断；（2）“正常价值”或“低于公平定价”的判断；（3）“相关市场”的判断，等等。而这些关于价值、成本、定价和相关市场的判断时常被审理反垄断案件的法官们视为头疼的不确定因素。

在美国，与反垄断法对于掠夺定价的宽松态度不同，其反倾销诉讼和 301 条款的严厉执行是举世皆知的。

从当前形势来看，滥用出口市场支配力的行为通常以进口市场发生的掠夺性定价为结果。其实际情况是，发达国家对于本国的强大出口商对于发展中国家的进口市场发生的掠夺性定价以宽松的反垄断法对待，但对发生在本国的掠夺性定价则以严厉的反倾销措施加以遏制。从这一角度看，市场环境是在反垄断法与贸易政策的衔接下形成的，如果对任何一方有所偏废，有序、公平的市场环境就无法形成。对于发展中国家来说，在世贸组织的影响到达国内之后，反垄断法的影响紧随其后，运用反垄断法矫正国际贸易带来的市场扭曲、保护自身包括贸易利益在内的经济利益、建立和完善自身的反垄断法律体系具有紧迫性。

---

① 这一问题将在下文对反垄断法损害赔偿的论述中作更多的分析。

（三）国家授权性市场垄断

企业在基于国家授权行为获得市场支配地位的同时，往往还随之获得了一种反垄断法意义上的优势地位，即国家行为豁免。比如，美国法就依据“国家行为原则”提供了整个联邦和州的不同层次的豁免，对国家授权的一些市场支配地位予以合法确认。当然，在欧洲等拒绝“国家行为豁免”的国家和地区，国家授权的企业仍然是反垄断法规制的对象，不能从事反垄断法所禁止的垄断行为。

在服务市场中，国家授权性市场垄断的难以破解体现得尤为明显。因为在这一领域，有很多产业市场不但受到内国主管机关的严格管制，存在广泛的国家授权性市场垄断或半垄断现象，还与贸易政策存在千丝万缕的联系。服务市场中的典型垄断产业包括律师业、金融业、保险业等，但这些产业正在随着多边贸易规则当中的服务业自由化规定而逐渐自由化。在这样的趋势当中，国内垄断企业与外来竞争者之间的反垄断法冲突成为现实问题。

依据世贸组织法中的《服务贸易总协定》（GATS）专门规定，独占性服务提供者的行为不能违背协定规定的义务以及成员方对世贸组织做出的其他承诺。所谓“独占性服务提供者”，是指由政府授权或设立的，在成员方域内相关市场形式上或实质上的某项服务的唯一提供者。还有一点需要明确的是，基于世贸组织的规定，GATS 限制的主体是成员方政府，而不是包括国家授权性企业在内的私人。因此，GATS 的有段规定可以理解为，世贸组织成员方政府有义务确保其境内的，政府授权性企业没有在相关市场上滥用市场支配地位，或者利用其市场支配地位在非相关市场上变相滥用市场支配地位。很明显，贸易法的看法再一次表现出与反垄断法的不同。对于国家授权性市场垄断行为，国际贸易法的规定要严于一些国内反垄断法的规定，而在实际的适用过程中又有可能出现两者的交叉。适用国内反垄断法消减国际贸易法削弱市场准入壁垒的做法成为可能。

综上所述，由于贸易法对于垄断行为的影响力，在两者存在运用范围的交叉，而又相互矛盾的时候，要在国际范围达成反垄断问题的一致看法是很困难的。除了各国反垄断价值理解的差异性，造成这一困难的原因还在于：一方面，各国出于利益的考虑，更愿意援引现存的更灵活的贸易法与反垄断法，实现于己有利的法律选择，而不是拓展反垄断法的规制范围；另一方面，在已经存在贸易法规制的情况下，有的国家认为对于同一问题没有必要再使用反垄断法进行规制，毕竟，从国际层面上看，贸易规则更具有国际性，依据其作出的判断要比反垄断法判断更容易得到他国的承认和执行。

二、各国对滥用市场支配地位认定的差异性

（一）滥用市场支配地位的违法认定原则

由于对于滥用市场支配地位的规制当中一般不存在豁免的规定，因此，对滥用市场支配地位行为的认定究竟应当如何显得尤为重要。在述及其判断原则时，占据主要地位的仍为垄断违法行为判断的基本原则，即本身违法原则与合理原则。

按照对滥用市场支配地位的一般理解，其在欧盟毫无豁免地被禁止，是否就意味着其在美国应当适用本身违法原则呢？对此，美国法院以审理滥用市场支配地位的案件中大量使用的合理原则做出了回应。美国标准石油公司案①、美国电话电报公司案②以及美国政府诉微软案等就是典型的例证。美国法院的观点是，对占据市场支配地位企业的行为应当进行具体的分析，而不是一味地禁止。比如，《克莱顿法》对于价格歧视行为的态度是：依据是否出于促进竞争的良好愿望来认定是否具有滥用市场支配地位性质。③尽管这一宽容的态度被后来通过的 1936 年《罗宾逊—帕特曼法案》所修正。但《罗宾逊—帕特曼法案》所表达的更加严厉的反对价格歧视的态度并没有表现出巨大的实际效果。在随后的 20 年里，联邦贸易委员会提起的 311 件诉讼被法院驳回了 119 起，而司法部则仅仅依据该法提起的了 8 起诉讼。④在合理性原则的作用下，美国反垄断制定法的作用被基本被消减了。

---

① Standard Oil Company of New Jersey v. United States，221 U.S. 1 (1911).

② United States v. AT&T, 552 F. Supp. 131, 218 n.362 (DDC 1982).

③ [美]查里斯·R. 吉斯特：《美国垄断史——帝国的缔造者和他们的敌人（从杰伊古尔德到比尔盖茨）》，傅浩等译，经济科学出版社 2004 年版，第 117 页。

④ Corwin D. Edwards, *The Price Discrimination Law: A Review of Experience*, Washington DC: The Brookings Institution, 1959, p.661.: 转引自同上注，第 118 页。

事实上，适用合理性原则判断滥用市场支配地位的情况并不仅限于美国，在欧盟对滥用市场支配地位的规制实践当中，合理因素的考虑也频频出现。首先，《欧共体条约》第 82 条规定中的“可能影响成员国之间贸易”表述，为使用合理原则对滥用行为进行分析提供了制定法上的依据和空间。何为影响成员国之间的贸易需要具体情况具体分析。其次，第 82 条没有为滥用市场支配地位设立豁免制度的做法本身，就为合理原则的利用提供了基点，因为不加分析的一刀切做法虽然简单，却不符合纷繁复杂的经济社会的实际情况。再次，欧盟的第 1962/17 号法规中为滥用市场支配地位行为设立了违法否定制度，亦即欧盟管辖范围内的滥用市场支配地位行为可以在经过欧盟委员会的审查的前提下不被欧盟反垄断法所制裁。违法否定制度的本质与豁免制度可谓并无二致，可可以视为对于《欧共体条约》第 82 条的一种修正。最后，除了制定法的有关规定，欧盟的反垄断法实施实践也体现出合理因素的充分考虑。比如，在 1985 年的 ESC v. AKZO 案中，欧盟委员会和欧盟法院均是在对 AKZO 公司的行为进行了合理性分析的基础上才认定其存在滥用市场支配地位做法的。此外，在“联合商标公司案”和“意大利平板玻璃案”中也可以看到同类做法。

各国反垄断法禁止滥用市场支配地位的制定法态度，以及欧盟和美国对于滥用市场支配地位违法判定原则的选择，印证了前述的反垄断法在处理国际滥用市场支配地位行为时的宽松、灵活的态度。

（二）认定滥用市场支配地位的考量因素

对于合理原则的适用，必须要考虑反竞争行为的各种影响，包括：对市场竞争本身的影响、对市场竞争结构的影响、对消费者利益的影响等。毫无疑问，任何一种影响的考察都涉及复杂的事实因素和分析方法的运用，这就导致全面评价企业行为影响的过程成为一个所有案件涉及的最微小细节的串联过程，比如会议记录中的一个字眼、或者一封涵义隐晦的商业信函。[①]而这些个案引发关注的考量因素，在各国作法不尽相

① 比如，在 AKZO 案的调查中，欧共体委员会就是从原告 ESC 公司获取了被告 AKZO 公司威胁其的信函证据，并从 AKZO 公司的会议记录中发现了一个“烟幕弹”（smoking gun）的字眼，从而找到了证明该公司排挤竞争对手的主观意图的证据。参见阮方民：《欧盟竞争法》，中国政法大学出版社 1998 年版，第 381 页。

同的同时，对案件的判断起着关键性的作用。

通用电气公司与霍尼韦尔公司这两家位于美国的巨无霸公司在2000年12月签署了并购协议。随后发生的通用电气—霍尼韦尔合并案被认为是说明了个案因素的巨大影响的典型案例。①在美国和欧盟进行的并购审查中，两者对这一合并案件是否会造成滥用市场支配地位发表了不同的看法。其中，欧盟对于通用电气所具有的财力、融资渠道和销售渠道会造成市场支配地位滥用的考量被认为表现了市场支配地位考量因素的重要发展趋势。正是因为欧盟的上述做法，通用电气—霍尼韦尔合并计划最终于2001年7月3日宣布流产。

在这起合并案中，固然美国与欧盟在认定相关市场范围和市场集中度判定的问题上均存在不同的观点，但对于其他案件中并不常见的财力、融资渠道和销售渠道等其他因素的考量才是决定案件裁判结果的关键。如同下文当中将会提到的波音—麦道并购案，通用电气—霍尼韦尔并购案当中肯定存在欧盟与美国之间的政治博弈，但这并不影响其在反垄断法律体系中占据判例法的地位。另外，值得一提的是，美国和欧盟在得出相反结论的同时，所采用的经济分析方法却是惊人的一致。

1. 美国的分析

美国在界定并购涉及的相关市场之后，主要分析的焦点集中在市场份额的考虑，认为两家公司合并会导致其在相关的直升机发动机市场和商用飞机发动机销售和售后服务市场中占据过多的市场份额，从而导致限制竞争行为的发生。因此，其解决的措施是将双方的部分有关业务从公司中剥离出来，从而实现在并购不会严重削弱竞争的情况下批准合并的做法。2001年5月，两家公司在接受美国司法部的建议进行有关剥离之后，达成了有关合并的相关协议。

2. 欧盟委员的观点

欧盟委员会对于并购案的分析同样始于确定相关市场范围。在确定这一范围之后，欧盟委员会对在相关市场处于优势地位或者支配地位的两家公司进行合并可行性分析。不同于美国的做法，欧盟委员会并没有主要从市场份额的角度进行分析，相反，其提出了前文提到的财力、融

① 案例资料参见黄勇：《国际竞争法研究——竞争法实施中的国际冲突与国际合作》，中国友谊出版公司2003年版，第94-105页。

资渠道和销售渠道考量因素。委员会认为:（1）在喷气式发动机市场，两家公司除了在市场份额上占据优势地位以外，受通用电气与霍尼韦尔财力、融资及其对销售渠道的影响，两者形成市场支配地位，非常可能出现限制供货、提高价格、捆绑销售等滥用市场支配地位的行为。（2）在航空电子设备市场，合并同样会导致通用电气与霍尼韦尔依赖其财力、融资及其对销售渠道的影响，实施捆绑销售等滥用市场支配地位的行为。

欧盟委员会在其界定的两个相关市场中反复提到三个个案因素，凸显了欧盟对于滥用市场支配地位的个案考量。在本案中，委员会认为:仅仅依据市场份额因素很难得出通用电气在大型飞机发动机市场存在优势地位的结论。但很显然，市场份额并不是催生市场支配地位的唯一因素，委员会必须还要考量是否存在其他能够强化并购有关主体市场地位的因素。[①]因此，委员会通过进一步考察发现，存在上述的地位加强因素。第一，无论市场份额是否足够大，通用电气的强大财力致使现存的竞争对手实际无法与之对抗；第二，通用电气对于航空公司的融资手段致使航空公司的订单得到保障，进而影响了竞争对手的市场份额；第三，通用电气的销售渠道也被视为其市场地位的加强因素。通用电气的飞机租赁分公司 CAS（Capital Aviation Services）是世界上最大的飞机购买商，它拥有世界上最大的机群，数量是竞争对手国际租赁金融公司（ILFC）的两倍。委员会指出，CAS 可以通过为购买大型飞机合同提供具有诱惑力的融资手段来强化通用电气在这个市场的地位。过去十年当中，CAS 购买的 600 架飞机中只有四架没有使用通用电气的引擎。上述三个因素之间相互影响。比如，通用电气公司雄厚的财力可以推动其融资力量的上升，其融资手段在保护其市场份额的同时又实现其财力的进一步增强，而其销售渠道则既可以保护其市场份额又能够帮助其融资。基于这些与市场份额交织在一起，又比单纯的份额数据复杂得多的综合因素考虑，欧盟委员会与通用电气和霍尼韦尔公司之间最终没有能够达成修改合并计划的共识，这起巨型合并最终流产。

关于本案，存在不同角度的多种评论意见。本案并不能说明美欧之间对反垄断法的实践南辕北辙。相反，两者采用了同样的经济分析理论，只是适用的具体评价体系不同。对于欧盟，问题的关键是并购将导致或

① 同前注，第 99 页。

加强操纵市场的地位，而美国关心的是并购是否实际上排斥了竞争。[①]但无论如何，欧盟采用的个案评价方法增添了反垄断法的不确定性，为各国之间的反垄断法有关问题相互冲突提供了可以利用的空间。

第三节　企业并购

将两个及两个以上的相互独立的企业归于共同所有或者共同控制的行为，就是企业并购。并购的核心在于统一控制力，至于新设合并、吸收合并等联合方式则在所不论。企业并购行为是反垄断法规制的三大主要垄断行为之一。与其他两种垄断行为的显著不同在于，反垄断法对于企业并购的规制在于控制这种行为，而不是禁止这种行为。因此，对于企业并购的反垄断法规制来说，并购评估制度是最关键的制度。

一、反垄断法并购评估制度冲突

企业并购评估制度是一个混合的评估体系，既有刚性评估标准，又有弹性评估标准。具体由申报标准、相关市场的界定和审查标准构成。

（一）申报标准冲突

并购监管本身并不一般地反对公司并购，而是针对有可能排除或限制竞争效果的并购。因此，反垄断申报标准就是并购评估制度的第一个环节，其实质是监管机构已经在宏观上对并购作了初步评估，确定了不可能产生反竞争效果的并购范围。因此，申报标准是监管的前提，关系到监管机构对公司并购的控制程度。换言之，如果并购达不到监管机构设定的申报标准，那也就没有进行监管的必要。全球范围内不可能存在一个统一的标准。各国拟定本国申报标准所考虑的因素包括：国家经济发展水平与产业政策、市场竞争现状与调控目标。因此，各国对于何种并购需要申报的考虑是涉及相关政策与国家基本国情的综合评估。若标准设定过低，则规模较小、对市场影响也较小的并购都需要申报，这不仅增加了企业守法和国家执法的成本，还会对国家经济目标的实现产生负面影响；若申报标准过高，则使得反垄断法的调控作用被削弱，容易

① 《电气与霍尼韦尔合并案尘埃落定》，载《国际金融报》2001 年 7 月 5 日。

造成市场竞争秩序的混乱。考察各国的立法例，通常采用的申报标准主要有四个：

1. 参与收购企业的资产额标准

日本《禁止私人垄断及确保公正交易法》第 10 条规定，当参与企业合并的一方当事人及其母公司、子公司的全部资产总额超过了 100 亿日元，而另一方当事人及其母公司、子公司的全部资产总额超过 10 亿日元时，该企业合并的当事人负有事前提出申报的义务 。

2. 参与并购企业的营业额标准

比如，《2004 欧共体并购条例》规定的申报标准是：[①]"所有相关企业在世界范围内的合计营业额超过 50 亿欧元；并且相关企业中至少两个企业中的每一个在欧盟范围内的营业额均超过 2.5 亿欧元，除非每个企业在欧盟范围销售额的 2/3 来自于一个且同一个成员国。"此外，同时符合下述特征的并购也必须申报："所有相关企业在世界范围内的营业额超过 25 亿欧元；并且在至少三个成员国中的每一个成员国内的销售额超过 1 亿欧元；并且在前一项所规定的至少三个成员国中的每一个成员国范围内，至少两个企业中的每个企业的营业额超过 2500 万欧元；并且至少两个企业中的每个企业在欧盟范围内的营业额超过 1 亿欧元，除非每个相关企业在欧盟范围营业额的 2/3 来自于一个且同一个成员国。"与我国同属大陆法系的德国《反对限制竞争法》（*Act Against Restraints of Competition*）也采用的是营业额的标准。根据其 2009 年最新的修订，并购反垄断申报标准由以前的两项指标增至三项：[②]"参与并购的各方在全球的总营业额超过 5 亿欧元；并且参与并购的至少一方在德国的营业额超过 2500 万欧元；并且参与并购的其他至少一方在德国的销售额超过 500 万欧元。"该项修订提高了德国并购反垄断申报的门槛，目的是为了将一些明显不具有反竞争效果的并购排除在事前申报的范围之外，从而使德国联邦卡特尔局（Federal Cartel Office）能够集中精力审查可能具有反竞争效果的重大案件。日本反垄断法也在 2005 年将其申报标准修订为营业额计算方法。[③]

① Article 1 of the 2004 EC Merger Regulation.

② 参见商务部官方网站，http://fldj.mofcom.gov.cn/aarticle/i/200903/20090306097456.html.

③ 尚明：《主要国家（地区）反垄断法律汇编》，法律出版社 2004 年版，第 102 页。

3. 参与并购企业的交易额标准

美国则兼采交易规模标准和当事人规模标准，《HSR 法案》（*Hart-Scott-Rodino Antitrust Improvements Act*）2005年的修订案中规定：（1）并购结果将导致持有5310万美元以上有表决权的股份或资产；并且（2）如果交易额低于2.123亿美元，则一方当事人拥有1.062亿美元以上资产或销售额，而且另一方拥有1070万美元以上资产或销售额。交易额超过2.123亿美元的，则无论收购当事人的资产或销售额都需要申报。[①]

4. 参与并购企业市场份额标准

《匈牙利禁止不正当竞争法》第23条规定，在上一个日历年内，参与者就其所销售商品而言在有关市场上的全部市场份额超过30%的企业组织合并必须事先取得竞争监管机构的批准。

综观四种不同的标准，绝大多数与参与并购企业的绝对经济实力有关，资产额、营业额和交易额的标准在反垄断法的管辖范围内是绝对的，而不是相对于其他市场竞争者的相对比例。事实上，由于企业的资产额和营业额在实践中较易操作，既能够轻易在企业的每年审计报告中得到，又能比较直观地反映企业的经济实力和规模。因而，该类标准在世界范围内使用是最为广泛的。而且，据国际竞争网（International competition Network，ICN）2006年的统计，在其所有74个成员中，大约2/3以上的成员都采用营业额或资产额的方式确定申报标准，已经采用相对市场份额的国家也开始放弃这种做法。[②]我国《反垄断法》在制定过程中，也最终在市场份额标准和营业额标准中放弃了前者，选择了后者。[③]在这一趋势下，企业并购的申报标准变得更加确定，既易于反垄断主管机关提高工作效率，也有益于拟并购企业预见并购审查是否会发生。从反垄断法的确定性角度来讲，这种变化有益。但是，从反垄断法的国家实践角度讲，由于各国经济发展水平的差异，这种绝对额度标准实际上是一种向发达国家倾斜的标准。因为在这个域外管辖频发的时代，一旦发展中国

① 王中美：《美国反托拉斯法对兼并的规制》，载梁彗星：《民商法论丛》第35卷，法律出版社2006年版，第328页。

② 比较典型的例子是罗马尼亚在ICN的建议下，把市场份额标准变为营业额和资产额标准。参见尚明：《中华人民共和国反垄断法理解与适用》，法律出版社2007年版，第190页。

③ 王毕强：《三部委共治反垄断执法市场份额申报标准取消》，载《经济观察报》2008年7月10日。

家参与的企业并购超越发达国家的法定申报标准，被认为是影响了发达国家的权益，发展中国家就可能陷入反垄断案件，甚至被制裁。而对于发展中国家而言，却没有足够的实力对发达国家超越其申报标准的企业并购实施域外管辖，尽管发展中国家法定的申报标准相对发达国家来说低得多，被发达国家的企业并购所超越的情况要常见得多，而且这些超标的企业并购对发展中国家的利益影响很可能非常严重。从这个角度看，反垄断法实施的单边主义至少侵害了处于经济弱势地位的发展中国家的权益，存在不公。此外，绝对额度的企业并购申报标准是无法在全球大范围统一的。其理由不言而喻。因此，在全球反垄断法协作层面，或许不应考虑如此细化的问题。

（二）相关市场界定冲突

对相关市场（Relevant Market）的界定是反垄断法实施机构最重要的工作之一。[①]因为竞争是相对的，所以并购方的并购行为只可能损害在同一市场内的竞争者的合法利益。

一般而言，在并购案审查时，相关市场界定得越宽，此时市场内的产品品种、竞争者会相应增多，这就对并购方越有利，因为并购方的市场份额、对市场竞争的影响（市场控制力）会被相应的弱化；相反地，界定得越窄，则对并购方的竞争者越有利，因为此时并购对竞争的影响（或损害）就可能被不恰当地放大。因此，一定意义上说，相关市场的界定就决定了并购案的最终结果。[②]对于相关市场的界定，是一项复杂的工程，涉及个案中诸多因素的评估。究竟如何评估？在之前的反垄断法实践中，反垄断实施机构设计了替代性评估方法。依据这一方法，无论是相关商品市场还是相关地域市场，无论是从消费者的角度还是竞争参与者的角度，只要有关的需求或供给存在“可替代性”，就被纳入到“相关市场”的范围之中。

1. 需求替代性

商品的作用在于满足消费者的需求。因此，需求替代性从消费的角

---

① Robert Pitofsky, “New Definitions of Relevant Market and the Assault on Antitrust”,*Columbia Law Review*, 1990(90), 1805 .

② Peter D. Camesasca, Roger J. Van Den Bergh, “Achilles Uncovered: Revisiting the European Commission’s 1997 Market Definition Notice”, *Antitrust Bulletin*, 2002 (146), p. 146.

度对商品进行考察。需求替代性所考察的是并购参与企业所生产的商品是否会由于企业并购行为而受到影响，进而造成另一类关联商品的价格升高或下降的后果。如果其对关联商品造成了上述影响，则关联商品就会被视为是应当被反垄断法考虑的“可替代性”商品。影响越大，说明两类商品的需求可替代性就越大，两者的竞争关系就越强烈，就越有可能处于同一个相关市场。

需求替代性原理在不同的历史时期和国家存在不同的表述，具体内涵的侧重点也不尽一致。比如美国先后就采用了“需求交叉弹性（cross-elasticity of demand）”“合理的互换可能性（reasonable interchangeability）”以及“特有性质及用途（Peculiar characteristies and uses）”来表达需求替代性的涵义。

其中，需求交叉弹性（cross-elasticity of demand）是在 1953 年的 Times-Picayune publishing 案[①]中由美国最高法院首次提出的。Clark 法官指出：每一个商品都存在可替代性。但是相关市场概念却不可能在这么广的范围内对可替代性表现出很强的针对性（meaningfully）。若在合理的价格变化范围内，只有数量有限的购买者转向了“其他商品”，则相关市场的界定就必须缩小至不包括这些其他商品的范围。用专业术语说，就是商品的需求交叉弹性较小。[②]也就是说，关联商品是否会被纳入相关市场考虑的需求替代性原理被细化，是否对关联产品存在影响的判断转化为判断有多大影响。如果仅仅是存在对关联产品的影响，但影响显著较小，则关联产品被定性为“不具可替代性”，进而不被纳入到相关市场当中予以考虑。但是，Clark 法官判决中并未涉及需求交叉弹性的进一步量化问题。

随后，美国最高法院在杜邦公司玻璃纸（cellophane）案中，[③]又引入了“合理的互换可能性”（reasonable interchangeability）标准来解释需求替代性。在该案中，被告杜邦公司（DuPont）主张，应当将玻璃纸和其他柔性包装材料界定为一个商品市场，杜邦的市场份额还不到 20%，不应受到反垄断指控。为此，最高法院认为，相关商品市场应当由具有合理的互换可能性的商品组成，为界定这些商品，需要考虑其价格、用途和质量。[④]对于消费者来说，玻璃纸和其他柔性包装材料可以进行合理

① Times-Picayune Publishing Co. v. U.S., 345 U.S. 594 (1953).
② See Times-Picayune Publishing Co. v. U.S., 345 U.S. 594 (1953).
③ U. S. v. E. I. du Pont de Nemours & Co., 351 U.S. 377 (1956).
④ U. S. v. E. I. du Pont de Nemours & Co., 351 U.S. 377, 404 (1956)

互换，因此，应该将所有柔性包装材料界定为一个相关市场。在该案中，最高法院对需求交叉弹性作了柔性的解释。但在 1957 年审理另一起杜邦公司并购案时，美国最高法院又通过引入“特有性质及用途”（peculiar characteristies and uses）对需求交叉弹性作了刚性解释①，做出了不利于杜邦公司的判决。除了判例外，《1968 美国并购指南》也采纳了需求替代性理论来界定相关市场，但除此之外没有就如何具体应用该理论给出更多的说明。②

作为制定法国家，欧盟在 1997 年《关于界定欧共体竞争法意义上的相关市场的委员会通告》中就明确将需求的可替代性（demand substitutability）作为市场界定的基本原则之一。③在著名的 Hoffmann-La Roche 案④中，欧共体委员会就是从需求替代的角度主张 Hoffmann-La Roche 公司在 7 大类的维生素市场上具有市场支配地位并滥用其地位。

2. 供给替代性

与需求替代性相对应，供给替代性（supply substitutability）是从竞争参与者的角度考察产品功能。在不符合需求替代性的情况下，竞争者之间的相互替代性也可能促成“相关市场”判断。若并购参与企业所生产的产品价格提升将会（1）吸引关联生产商在无需大量成本和时间的情况下转化为与并购参与企业同类的生产商以谋求更高的利润；（2）并购参与企业的提价行为无法继续，则相关市场被认为存在于并购参与企业与关联生产商之间。美国现行有效的《1997 并购指南》中也有类似供给替代的规定：如果一家企业能在没有产生较大沉没成本（sunk costs）的前提下迅速转到其他相关商品的生产上，则该企业与它所转向的企业可以被视为同一个商品市场。⑤

但是，供给替代性理论模型被认为远没有需求替代性来的直接有效，故而较少被应用。此外，它与需求替代性一样，充斥着个案判断因素，比如：多久的生产转化成本才是不迟延的？什么样的转产成本或投资才被认为是低廉的？如何判断转产得到的产品是否与并购参与方的产品一

---

① U. S. v. E. I. du Pont de Nemours & Co., 353 U.S. 586 (1957).

② Section 3 of the 1968 U.S. Merger Guidelines.

③ Section 13 of the1 997 EU Notice on the relevant market.

④ Hoffmann-La Roche & Co. AG v Commission，Case No. 85/76 (1979), European Court reports (1979), p. 461.

⑤ Section 1.321 of the 1997 U.S. Merger Guidelines.

样易于得到订单？反垄断立法的不确定性在相关市场确定方法当中再一次得到体现。

（三）审查标准

反垄断审查标准是公司并购监管评估制度的核心，是并购监管的具体内容，反映的是监管机构对于本国及全球经济形势的理解和把握。

1. 美国的并购审查标准

并购监管是美国反垄断法的重要内容。美国早在 1890 年就通过《谢尔曼法》开始对并购进行反垄断监管。但《谢尔曼法》本身没有明确并购的审查标准，只是强调“限制”和“垄断”是非法。但从美国最高法院适用《谢尔曼法》的案例看，这个时期美国实际运用的审查标准主要是关注并购方的市场份额。例如，在 Northern Securities Co.诉美国案中，[①]两大位于同一地域市场的铁路公司作为最主要的竞争对手试图合并，最高法院认为，该合并是《谢尔曼法》禁止的“非法联合”。但法院并没有去仔细论证该合并对竞争的影响。

《谢尔曼法》仅从条文的语句上看，措辞非常严厉，似乎任何合同或联合都有可能被禁止。但实际上却规定得太过模糊，欠缺可操作性。[②]为进一步加强对并购的有效监管，作为对《谢尔曼法》的补充，美国 1914 年又通过了《克莱顿法》（*the Clayton Antitrust Act*）。虽然《克莱顿法》之后又进行过多次修订，但核心的审查标准却是始终未变。其修订后的第 7 条规定：从事商业或从事影响商业活动的任何人，不能直接或间接收购其他从事商业或影响商业活动的人的全部或部分股票或其他资本份额，隶属联邦贸易委会管辖的任何人，不能收购其他从事商业或影响商业活动的人的全部或部分资产，如果这样的收购可能会对本国任何区域的某项商业或影响商业的活动，产生严重削弱竞争（substantially to lessen competition）的效果或意图建立垄断。

该第 7 条提及的“严重削弱竞争”就此确立了美国从竞争的角度监管并购案的审查标准：严重削弱竞争标准（substantially to lessen competition）。虽然在美国的各个不同时期，监管机构对并购的政策立场、

---

① Northern Securities Co. v. U.S.193，U.S. 197 (1904).

② Patrick A. Gaughan, *Merger & Acquisitions*, Harpler Collins Publishers, 1991, pp. 15-17.

执法力度和考察重点在不断变化，但总体的审查标准，即将严重削弱竞争标准作为评估制度的核心却始终未变。

2. 欧盟的并购审查标准

和美国相对稳定的审查标准不同，欧盟的并购审查标准经历了变迁。①《欧共体条约》在最初并没有考虑对企业合并问题的规制，因此，在1989年之前，欧盟是利用滥用市场支配地位的有关规定来规制企业并购。大陆制罐公司（Continental Can）案②是欧盟这一做法的开端。这一方面是由于欧盟当时的立法所限，另一方面也体现了在当时的经济环境下，欧盟反垄断法规制的重心并不在企业并购行为上。

因此，经过欧共体成员国长时期的磋商，最终在1989年公布的首个《欧共体并购条例》中，确立了并购审查的支配性地位标准（Market Dominance Test）。其第2条第3款规定：如果一项并购产生或增强支配地位，从而使得共同体市场或共同体市场的大部分区域的有效竞争受到严重阻碍的，则该项并购和共同体市场不相容。根据该条的规定，并购产生或增强支配地位是监管机构认定并购会严重阻碍有效竞争的前提。换言之，监管机构默认，如果并购不产生或增强支配地位，则并购就不可能阻碍竞争，因而也就没有必要禁止。在该标准下，审查的重点就在于如何认定并购后企业是否具有市场支配地位。在欧盟当时的实践中，一般认为市场份额和市场支配地位具有高度的相关性。欧洲法院认为，除非在极其特殊的场合，高市场份额本身就是支配地位存在的证据，而50%的市场份额就足以确认市场支配地位。③因此，绝大多数的市场支配地位产生于并购后公司的市场份额达到 40%～75%。如果超过 70%～75%，虽然不是绝对，但这些公司一般都会被视为占市场支配地位的企业。④但是，如果适用该标准不当，则有可能产生监管盲区。比如，当市场上只有三家竞争者甲乙丙，甲已经占据了 70%的市场份额，则乙收购丙的行为就客观上造成了竞争者的减少而导致垄断程度的加剧，对竞争

① 刘和平:《欧美并购控制法实体标准比较研究》，载《法律科学》2005年第1期。

② 对该案的评介可参见何之迈:《公平交易法专论》，中国政法大学出版社2004年版，第203页。

③ Chemie BV v. Commission_ European Court. Case No.C-62/R6_ AK7.O. reports（1991）1_ n. I-3359.

④ 王晓晔:《欧共体竞争法》，中国法制出版社2001年版，第324-325页。

造成了损害。但根据支配性地位标准，欧盟有可能不会禁止乙的收购行为，因为收购后乙的市场份额低于 40 %，这就造成支配性地位的审查标准失灵。[①]

有鉴于此，欧盟委员会在 2004 年颁布的《2004 欧共体并购条例》中，从审查标准的角度彻底消除了存在该盲区的隐患。其修订后的第 2 条第 3 款规定：如果一项并购将严重阻碍共同体市场或共同体市场的大部分区域的有效竞争，特别是当该等阻碍是由于并购产生或增强其市场支配地位而引起时，则该项并购和共同体市场不相容。该条规定确立了严重阻碍有效竞争标准（significantly impede effective competition ）。在新规定中，并购是否严重阻碍竞争，成了评估并购是否和共同体市场相容的唯一考量因素。

欧盟的最新审查标准其实和美国标准存在趋同性（convergence）。虽然具体英文单词——严重阻碍（impede）和严重削弱（lessen）——不同，但含义完全一致。比较美国的“严重削弱竞争标准”与“欧盟的严重阻碍有效竞争标准”，两者的理论内涵和实践意义都非常接近。但这并不意味着两种标准在反垄断实践中不会产生冲突，两种标准背后隐藏的不同政策考量和国家利益致使其在国际反垄断法实践，尤其是跨国并购案件当中时常得出截然不同的判断结论。这在本节最后将举例证明。

二、跨国并购审查的特殊性

跨国并购是 20 世纪后半叶才出现、定型的现代经济活动，因此，有关反垄断法的传统理论和早期竞争理论并不能对跨国并购这一现代经济活动进行充足有效的解释。因此，跨国并购是与 20 世纪中期由克拉克在创新与动态竞争观点的影响下提出的有效竞争理论联系在一起的。根据克拉克的观点，竞争过程中，在一段可以自由反应的时期内，存在垄断的市场地位是必要的、合理的，因为它不是非效率垄断，而是效率垄断。[②]在谈论跨国并购的反垄断规制时，有效率的垄断而不是禁止，正是规制跨国并购的反垄断法基本态度。在这一前提下，大量的外资并购成为可能。

① Vijay SV Selvam, “The EC Merger Control Impasse: Is There a Solution to This Predicament?”, *European Competition Law Review*, 2004 (52), p. 59.

② 郑泰安：《反垄断法律制度研究》，四川人民出版社 2008 年版，第 260 页。

基于跨国并购的特殊性，各国对于跨国并购的控制并不仅限于反垄断审查。外资审查、国家安全审查等同样针对外资并购的制度往往与外资并购反垄断审查制度难以截然分开。这首先源于对于跨国并购的政策定位。并购是竞争政策的内容，但跨国并购却同时被纳入国家金融政策、产业政策、国家安全政策以及投资政策的内容当中。因此，跨国并购的审查并非仅仅限于反垄断审查，还包括其他政策定位带来的审查。甚至在有的时候，当其他有关政策的定位高于反垄断政策时，反垄断审查变得次要。

1. 投资政策定位的审查

跨国并购当中，不可避免地会涉及外资引入的问题。由于外资引入对于东道国具有两面性，除了会给东道国带来建设资金以外，还可能给东道国带来产业、技术、环境、劳工等一系列损益难测的影响，因此，东道国往往有一套外资归口的审查制度。例如，除反垄断当局以外，跨国并购在美国还需接受美国外国投资委员会的审查。在澳大利亚，其 1975 年生效的《外国并购法》（*The Foreign Acquisitions and Takeovers Act 1975*）也做出了类似的规定。在加拿大，也有类似规定。不同的是澳大利亚的外国投资审查委员会只是澳大利亚联邦财政部的代理机构，最后决定是由财政部做出；加拿大的外资审查机构则为加拿大投资局。

2. 国家安全考虑的审查

外资并购对于国家安全的影响是显而易见的。以我国为例，一方面，大量外资涌入我国各个商业领域形成对我国市场的垄断威胁，另一方面，我国企业在“中海油并购优尼科”“联想并购 IBM”等一系列并购案中触礁外国国家安全审查。在严峻的全球竞争形势下，国家安全审查制度成为与反垄断并购审查相伴相生的制度。这在一定程度上表现了在和平与发展的世界主题下，国家之间的经济利益内容跃升为国家安全的最重要内容。2011 年 3 月 7 日，我国商务部公布新规规定，在外国投资者并购境内企业行为对我国国家安全已经造成或可能造成重大影响的情况下，商务部将会同有关部门终止当事人的交易，或采取转让相关股权、资产等有效措施，以消除该并购行为对国家安全的影响。[①]而我国在反垄断法

① 王茜:《外资并购安全审查制度暂行规定出台》,南方周末,http:// www.infzm.com/content/56056.

律体系中建立“国家安全审查制度”的做法实际上是借鉴欧美发达国家已有的制度经验。此外，加拿大对于跨国并购的审查并没有“国家安全”标准，但却构建了意图更明确的“净利益”（Net Benefit）标准。《加拿大投资法》（*Investment Canada Act*）[①]规定，只有对加拿大有净利益的外资并购才会得到批准。

3. 金融政策定位的审查

跨国并购是国际资本转移的一种形式，因此，其带来的外汇收支平衡等货币、汇率的影响可能使金融政策也对跨国并购的规制产生欲望。韩国在 2005 年 3 月份生效的新规则规定，持有公司股份超过 5%的投资者，在公开控制公司经营权的意向后，5 日内不得行使投票权且不得继续购入股票。韩国公司成为收购目标后，可以增发股票或发行债券以对抗恶意收购。[②]显然，证券从业人士会对这一规则津津乐道。但从政府的角度看，对付外来热钱、稳定本国金融市场才是最重要的目的。

4. 产业政策定位的审查

以善于利用产业政策著称的日本，其将国内产业分为三类。对于前两类自由化的产业，赋予 50%到 100%的外资控制权利；对于非自由化产业则采取类似于禁止进入的严格控制。当然，产业政策本身就是与敏感行业的国家安全与政治考虑、战略资源控制以及技术、文化的培育和保护分不开的。因此，这也从另一个角度说明了外资并购的政策敏感性。

基于跨国并购处于政策交汇处的敏感性，在处理跨国并购案件时，反垄断法对于企业并购规制的制度不确定性在跨国并购案件的国际冲突中体现得淋漓尽致。

三、跨国并购冲突的典型：波音—麦道并购案

（一）波麦并购案进程概要

波音与麦道（麦克唐纳—道格拉斯公司）系美国两家大型的飞机制造公司，在 1987 年至 1996 年之间波音与麦道分别约占有全球大型客机

① http://www.bjwto.org/smes/Article_Print.asp?ArticleID=1627.

②《韩国限制外资恶意收购企业》，http://finance.stockstar.com/ZH2005010601152929.shtml.

市场 61%和 12%的份额，分别是全球第一大和第三大飞机制造商，其主要竞争对手为全球第二大的欧洲空中客车公司。1996 年 12 月 14 日，波音与麦道签署兼并合同，以换股形式将麦道变成波音公司的全资子公司。

这一合并计划立即遭到了欧盟委员会的强烈反对，它认为波音与麦道的合并将导致世界空中客机市场的竞争受到巨大的破坏，严重威胁到空中客车的市场生存空间。而根据并购计划，波音和麦道的并购也符合委员会行使管辖权的客观标准——两公司全球营业收入之和超过了 50 亿欧元（波音为 170 亿欧元，麦道为 110 亿欧元）标准，且各自在欧盟内的收入也均超过了 2.5 亿欧元，而且其中任何一家在共同体成员国的营业额都没有超过其共同体市场份额的 2/3，计划中的并购具有“共同体规模”。同时，波音并购麦道符合并购条例第 3 条第 1 款第 2 项规定的控制权，属于并购条例中所规定的并购，因此，应受并购条例管辖。并购当事人于 1997 年 2 月 18 日向欧盟委员会进行了并购申报。至此，美国和欧盟之间的波麦并购反垄断法律冲突拉开序幕。

美国认为，民航飞机制造业的相关市场界定应该着眼全球，空中客车公司的存在使波麦并购并不能使波音公司在民航制造业形成绝对垄断地位，也不会显著地改变民航业的竞争格局。因此，波麦并购符合反垄断法要求，应予批准。在美国联邦贸易委员会得出“收购并不能实质性地减少竞争或倾向于在商用飞机或军用飞机市场上创设垄断”①的结论以后，波麦并购案正式得到了美国反垄断主管机关的批准。

但是，欧共体委员会认为：“（波麦）并购对共同体极其重要。因为并购的实施将会对世界飞机市场造成巨大影响，而欧洲市场是世界飞机市场的重要组成部分。”考虑到世界大型飞机市场的结构、波音公司的市场份额、波音公司客户的市场份额、波音公司与大客户之间的长期专供合同以及将来不会出现新的竞争对手，欧共体委员会得出的结论是：波音公司在整个飞机市场以及窄体与宽体客机市场已经拥有市场支配地位，而并购将进一步强化这一支配地位，并将导致：（1）波音公司的大型客机市场份额由目前的 64%上升至 70%；（2）并购后，波音公司的竞争对手减少为一个；（3）波音公司的顾客将从目前的 60%提高到 84%；

---

① Statement of Chairman Pitofsky & Commissioners Janet D. Steiger, Roscoe B. Starek III&Christine A. Varney, with separate of Commissioner Mary L. Azcuenaga; In re Boeing CO., File No. 971-0051 [1997] 5 Trade Reg. Rep.(CCH), para.24 123.

（4）波音公司可以凭借新增的科研力量扩大现有的飞机载人能力；（5）波音公司更容易与客户签订专供合同，进一步分割市场。据此，1997 年 3 月 19 日，欧共体委员会决定对波麦并购案实施调查程序，并要求波音与麦道在委员会做出新的决定之前，不得实施并购。

至此，波麦并购案正式上升为美欧之间的政治冲突。在全球竞争环境激烈的情况下，波音公司在民航飞机制造业的垄断地位对于美国意义重大。美国决定采取强硬的态度促成波麦并购，压制欧盟空中客车公司的上升势头。如果委员会阻止并购，克林顿政府则以贸易战相威胁：美国将通过向 WTO 或尽可能地施加贸易制裁，以防止欧盟阻止该并购；美国已打算在美国与法国之间限制航班，并施加制裁、扣押班机等进行报复。美国参议院一致认为应当对欧盟委员会的立场予以谴责，并通过一项决议声称“在委员会拒绝波音的最初议案后，美国应采取‘至少与所受到的侵害相对等’的制裁”作为报复，美国可对那些其认为与美国竞争法不符的欧盟并购案适用美国竞争法，即美国也可以否决其他欧盟合法批准的并购。[①]

双方在数度交锋之后，达成了一项妥协的解决方案，即波音公司全面接受了委员会所提出的防止限制竞争的条件之后，欧盟委员会对波麦并购予以批准。

综观全案，首先，双方对于并购案的反垄断法认定各执一词，争执不下，显现出国内反垄断法中企业并购规制逐渐趋向一致的表象在国家利益面前是多么的脆弱。前面提到的美国“严重削弱竞争标准”与“欧盟的严重阻碍有效竞争标准”的实质冲突在本案中展现无遗。其次，最后通过美欧双方相互施加外交压力和政治压力，并购的反垄断法律问题实质以解决政治问题的方式被消化，显现出国际反垄断法协作机制的缺失与软弱。

（二）一桩对比案件

在此被用来做对比的案件是 Aerospatiale-Alenia/ de Havillando 案。在 1989 年《合并条例》下被禁止的第一起并购案，是 1991 年的法国宇航公司（Aerospatiale）和意大利艾伦尼亚公司（Alenia）联手收购波音

---

① 提出这项议案的正是长期活跃于限制反垄断问题上的美国参议员 Slade Gorton，他在微软案中也持相同的限制反垄断立场，并积极进行游说活动。

公司加拿大子公司哈维兰德（de Havillando）案。本案中，被并购公司波音加拿大 de Haviland。分公司及波音加拿大技术公司都是美国波音公司的全资子公司。当时，委员会拒绝批准该并购。这打消了美国对委员会受政治因素不当影响的疑虑，体现了竞争政策优先于产业政策的立法精神，并被认为是“自 1989 年《合并控制条例》实施第一天起，委员会就视该条例为确保欧共体竞争不受扭曲的重要工具”[①]的重要证据。与波麦合并在委员会受阻、获得多方理解，乃至视为理所应当相比，委员会对收购哈维兰德的禁止，承受了大得多的压力——前任竞争委员 Brittan 回忆称：“委员会不得不抵制那些一味地要求委员会为培养欧洲冠军而不顾并购将对竞争造成的后果的干扰。de Havilland 案是一个分水岭。拟进行的收购会造成两家欧洲企业在全球市场中形成垄断地位。然而，给予委员会委员强大政治压力的目的是批准该并购。的确，法意政府对委员会禁止法国和意大利企业如此类型的并购表示不可思议，并有理由相信它们肯定认为该类事情不应发生。”[②]

此外，这两宗案对于反垄断法的域外管辖权问题的研究也具有典型性意义。这将在下一章中提到。

---

① Commission of the European Communities, *Report on Competition Policy*, 1990, p.20.

② Sir Leon Brittan Q.C.,“The Early Days of EC Merger Control”, in *EC Merger Control: Ten Years On*, International Bar Association, London, 2000, pp.5-6.

第三章　反垄断法实施机制冲突

如果反垄断法仅仅涉及禁止严重限制竞争的垄断协议、禁止具有市场支配地位的企业滥用垄断力和监控大企业合并等实体性的法律规范，反垄断法实体性规定所描绘的应然性反垄断状态将永远无法成为现实。对于任何法律而言，要实现其所追求的目标、将其设计的抽象行为模式变成人们的具体行为，法律的实施都是至关重要的。而对于反垄断法，其实施机制的设计和实施可谓尤为重要。李国海博士在考察美、日、德、英、法以及我国台湾地区的反垄断法实施机制之后言到:“在各国(地区)反垄断法实施机制的共性当中，给人最深印象的各国（地区）对于反垄断法实施机制的重视。”[①]而在相当一些发展中国家，其反垄断法实施实效不佳的重要原因在于：一些发展中国家在发达国家的推动下也制订了反垄断法，但却很少实施或忽视实施。[②]

在反垄断法立法的讨论中，实体方面的内容固然受到各国(地区)立法机关的重视，但关于实施机制的设计却更受立法机关和社会大众的关注。之所以会出现这种局面，主要原因有二。首先，反垄断法实施之于立法具有相对独立性。同样是反垄断法，有些国家(地区)法律的实施情况较好，对于规范市场竞争秩序、维护社会公平正义和促进经济健康发展发挥了重要作用，而有的国家实施情况则不很理想，没有发挥法律应有的功能。这不能归因于反垄断法实体法，而应归因于反垄断法实施机制。其次，反垄断法的不确定性依赖实施机制的完善来克服。实施机制之所以对于反垄断法具有关键意义，是因为反垄断法具有不同于其他法律的特性。反垄断法是一种专业性很强的法律，反垄断规制对于经济理论的依赖使得反垄断的对违法行为标准的规定相对模糊，因此，在反垄断法领域，对于违法信息的掌控、违法事实的调查、对是否构成违法的认定、对违法行为的制裁以及保证被制裁人的救济权利等，都需要

① 李国海:《反垄断法实施机制研究》，中国方正出版社 2006 年版，第 4 页。

② 约翰·亚格纽:《竞争法》，徐海等译，南京大学出版社 1992 年版。

依赖有效的实施机制。[①]

随着经济全球化程度的加深，反垄断法的实施机制也面临着国际化的挑战。随着国际经济交往的日益发展，国内反垄断法执法机构越来越多地被卷入到国际反垄断案件中，随之出现了过去未曾有过的反垄断法冲突问题。从国际福利的整体提高角度而言，各国为本国利益考虑而推行的某些竞争政策有时阻碍了国际竞争的良性发展。对同一案件竞相行使的管辖权之间有时直接对立，而各国不一的法律责任承担标准和重复的程序性要求，也使不得不同时遵守这些标准和要求的企业叫苦不迭。反垄断法是为了消除国内市场障碍而制定的，但国内反垄断法实施机制之间的冲突却日益突出地成为国际市场的障碍。在当今经济环境下，反垄断法要得到有效的实施，至少需要除反垄断实体性法律规范以外的以下几方面规范：

一是反垄断程序法[②]，包括：① 反垄断主管机构执行反垄断法的行政程序，如对大企业合并的监控程序、对企业之间横向协议即卡特尔协议的批准程序；② 在实行反垄断法实体规范过程中产生的诉讼程序，如对反垄断主管机构的禁令不服向有关法院提起诉讼的程序、反垄断主管机构以政府及政府部门为被告提起的诉讼程序，以及反垄断主管机构要用

---

① 漆多俊：《反垄断法研究中的全球视野与中国化命题——评李国海教授著《反垄断法实施机制研究》》，载《河北法学》2008 年 2 月，第 199 页。

② 对于反垄断程序法的提法，有学者认为，除涉及垄断与限制竞争的实体法规范外，还包括行政法规范和反垄断的程序法规范。后两种规范的调整对象至为明显：行政法规范是调整反垄断法执行机构的组织关系和它在职权行使中产生的行政管理关系；程序法规范是调整因适用反垄断法实体法规范所产生的诉讼关系。这两部分法规范严格说是不属于反垄断法范畴，因为它们只能被看作是规定在反垄断法中的行政法和诉讼法。也有学者认为反垄断法本身是公、私法融合的产物，人为地割裂反垄断法的规范的结果会导致否认经济法作为一个独立法律部门的地位的结果。另外，就反垄断法的诉讼程序而言，其具有不同于普通民事诉讼、行政诉讼乃至刑事诉讼的特点。这种诉讼程序与传统的民事、行政乃至刑事诉讼程序已截然不同，可以认为是专属于反垄断法的特殊程序规范，这种程序规范与反垄断法实体规范已经结合成不可分割的统一整体，是为反垄断程序法。（参见曹士兵：《反垄断法研究》，法律出版社 1996 年版，第 2 页。）笔者认为，无论这些程序应如何定性，至少它们是反垄断法的实际运行不可或缺的条件，也是反垄断法国际冲突必须予以考虑的因素。

准司法程序审理案件的程序等；③ 对国际反垄断法的实施具有特殊意义的执行程序，包括有关司法文书的送达、裁决承认与执行等。

二是反垄断法中的冲突法安排，主要涉及反垄断法域外管辖权问题。

三是反垄断法中的法律责任承担，包括刑事责任、民事责任以及行政责任的承担。

第一节 管辖权冲突

反垄断法国际协调的需要可以说直接源自各国反垄断法在管辖权上的冲突。有人认为这种冲突的症结是一些国家国内反垄断法所具有的“域外管辖权”（extra-territorial jurisdiction）[①]，它使得国际法上分域而治的传统规则被打破，跨法域反垄断法案件的处理中出现了利益拉锯、权力冲突、互不合作的问题。在国际公法上，早已有主权国家管辖权延伸至域外的理论，即“域外管辖权”的理论，如刑法中的属人管辖权、保护性管辖权和普遍管辖权。对于反垄断法而言，其虽然具有公法特征，但其所表现出的特征却与国际公法所接受的传统域外管辖有很大差别。

一、域外管辖权的基本理论

（一）域外管辖权的理论基础

如前所述，主权的一个基本特征是，一个国家拥有在其领土范围内针对所有人制定具有约束力的法律的权力和实施管辖的权力。该基本特征源自国际公法的一个重要原则，即属地原则（principle of territoriality）。基于这一原则，一国能够在其领土范围内颁布和实施法律。在最初的国际法理论中，国界是衡量一国正常行驶管辖权还是侵害其他国家主权的唯一界限。但是，随着国际交往的增加和复杂化，国际法理论延伸出更多的管辖原则，包括：国籍管辖原则（nationality principle），即允许一国对居住境外的本国国民拥有管辖权；保护性管辖原则（protective principle of jurisdiction），即允许一国对发生在境外危害到该国政治独立

① 竞争法上的域外管辖权有时被描述为竞争法的域外效力（extraterritorial effect），但域外效力的说法可能更多的是一种表征性的描述，域外管辖权才是较规范的国际公法用语。

和领土完整等国家安全的行为实施管辖权；客观属地原则（objective territoriality principle），即当发生在一国边界以外的行为在本国领土范围内终止的情形。从现有的国家管辖权理论来看，如果外国人在国外实施的行为并没有对本国造成政治独立、国家安全层面上的影响，本国对这样的外国人行为进行管辖，就会存在国际公法上的障碍。这种管辖权行使所带来的结果，必定包括国家间的冲突。因此，基于外国人在外国所为的行为，本国是否具有管辖权，主要取决于这一行为对于本国造成了多大的影响：如果已经危害到了国家的政治独立和领土完整，则本国行使管辖权就被认为是合理的；若对本国的影响仅仅及于某些较次要的国家利益，则本国行使管辖权就被认为是不合理的。因此，讨论对外国人在外国行为的管辖权时，问题的焦点实际在于管辖行为本身是否属于影响国家安全的行为，或者说影响国家安全层面的行为界定范围究竟有多大。

具体到反垄断法问题上，外国人在外国所实施的垄断行为是否属于传统国际法域外管辖原则所能够覆盖的行为，迄今仍是一个争论中的问题。支持者认为，经济是一个国家的命脉，外国的垄断行为对于一国经济的影响完全可能达到危害国家安全的严重程度。反对者则认为，传统的国际法原则是针对实物的跨国移动而设置的。若甲国的危险爆炸物被寄送到乙国，并在乙国造成人身财产上的伤害，则乙国可以对外国人在外国实施的行为行使管辖权。而经济行为的无形性致使其对本国产生的影响难以衡量，因此，一国很难依据传统的国际法原则对发生在国外的垄断行为主张管辖权。至少在目前，将具有危害性效果的行为与实物相等同并没有得到国际法学界的普遍承认。[①]在这一形势下，为了解决现实的解决问题，一些国家单方面地扩大了国际法管辖权的内涵，使用"效果"原则作为反垄断法域外适用的管辖标准和基础。但是，"效果原则"本身的合法性争议却从未停止。

首先，基于国际经贸发展的客观现实，效果原则能够在现实中获得支持和理解的土壤。在当前国际形势下，国家间的依存度不断上升，国际经济在经济发展中的地位日益重要。在反垄断问题上，一国严格遵守属地原则的做法不能够适应这样的经济发展需要，不但会造成具有垄断性质的企业成功逃避反垄断法的监管，还将进一步对小企业和普通消费

---

① D.Gerber, *Law and Competition in Twentieth Century Europe*, Oxford: Oxford University Press, 1998, p. 83.

者的福利造成损害。至少在垄断行为的监管方面，传统的国际法管辖原则不足以控制对一国产生影响的垄断行为，进而无法保护国家的有关经济利益。

其次，根据国际公法原则，一国主张管辖权需要满足其领土与在域外发生的行为之间存在足够紧密或合理的联系这一条件。如果不能满足最低限度联系的要求，该国就不能主张管辖权。具体到反垄断法领域，只有当存在直接的、实质性的和可以预见的反竞争效果时，才可能主张管辖权。由于国际法领域不存在关于直接的、实质性的和可以预见的效果的界定标准，所以各国不可避免地适用各自的关于最低限度合理联系的标准。在运用效果原则的实践中，其与最低限度合理联系标准之间的关系则更加灵活复杂，以至于最低限度合理联系标准并不能为效果原则提供稳固的合理性基础。

基于以上考虑，效果原则在实践与理论的争议当中被频繁地运用。在一些情况下，效果原则被认为是反垄断法域外管辖权行使的合法理由。比如，涉诉企业既有外国的也有内国的，或者至少有外国企业在内国的分支机构。但在另一些情况，效果原则的应用被认为是侵犯他国的主权。因为运用效果原则的国家除了谋求自身权益的保护，还必须对他国的合法权益加以考虑，如果将本国的反垄断法凌驾于他国法律之上，就会失去国际法所提供的合法性基础。因此，效果原则的合法性，以及在案件的具体情形中具有多大程度上的合法性，被认为是是否适用效果原则以及如何适用效果原则的理论和实践基础。而正确对待效果原则对于反垄断法国际协调来说，是一个重要的减少反垄断法国际冲突的手段。

（二）域外管辖权的概念

域外管辖权概念的界定同样是一个迄今尚无定论的难题。与众多法学概念的界定问题一样，域外管辖权概念很难找到令人满意和广为接受的界定方法。或许最好的界定方法只能是这样：一国的反垄断法适用于某一具体涉及“国外因素”的案件。但是，“国外因素”是个难以界定的概念，特别是在经济法领域。基于此，笔者认为，不如尝试英美法系的传统做法，放弃一种刻意的界定方法，转而关注辨识反垄断法域外管辖权的各种情况。因此，所有能够辨识的情况均是反垄断法域外管辖权的实例。例如，一国在境外全部或部分履行的行为、全部或部分签署的合同等。但“境外”一词也是个难以界定的概念。例如，何时才算境外的行为？怎样确定属于他国领土以内的情况？

在探讨反垄断政策的域外管辖权问题时，至少存在三种可能涉及的情况：一是B国的司法和反垄断机构在B国领土范围内适用A国的反垄断法；二是A国的司法和反垄断机构在B国适用A国的反垄断法；三是A国的司法和反垄断机构在本国适用本国的反垄断法，但出于某种原因对B国的企业产生影响。亦即一国的国内反垄断法在哪里适用于外国企业在境外发生的行为和活动的情况。虽然最具有现实意义的情形只有最后一种。但这一理论模型所在的意义在于特别强调，一国控制本国企业活动的能力不同于在相同情况下对外国企业活动的控制。前一种情况是符合国际公法原则的合法行为，而后一种情况却并未得到国际公法原则同等程度的认可。而这正是域外管辖权合法性与合理性争议的根源。

二、美国和欧盟推行反垄断法域外管辖实践

域外管辖权是反垄断法律制度中的一个重要问题。作为实施反垄断法的最重要国家和地区，美国和欧盟反垄断法的域外管辖权制度都是在反垄断法实施过程中通过一系列的有关法律、决定和判例确立的。因此，欧盟和美国的反垄断法域外管辖实践对于域外管辖权理论的深化和理解有着重要的意义。同时，欧盟和美国与其他国家由于反垄断法管辖权问题发生的法律冲突也是反垄断法国际冲突的重要体现。

（一）美国反垄断法域外管辖实践分析

效果原则可以说是反垄断法域外管辖权的核心概念。美国是率先启用效果原则并对效果原则的发展起到重要的国家。但是，美国曾一度认为反垄断法不适用于发生在美国以外的行为。[①]在美国诉 Sisal Sales Corporation 案中，联邦最高法院裁定，反垄断法对发生在美国边境以内和边境以外的行为均享有管辖权。在 120 年后著名的美国诉美国铝业公司（Alcoa）案中，勒尼德·汉德（Learned Hand）大法官才提出了这样的观点：美国可以对美国领土以外在外国公司之间签订的卡特尔协议主张管辖权，在该卡特尔协议中美国企业不是其中的成员。勒尼德·汉德大法官的观点是："一个公认的原则是任何国家，即使针对的是非本国的臣民，也有权对那些发生在其边境以外、但在本国边境以内产生损害本

---

① American Banana Co. v. United Fruits Co. 213 US 347 (1909).

国利益的行为施加处罚，而这些处罚措施一般也会得到其他国家的认可。”[①]基于这一观点，此类卡特尔协议的发生地在国内或国外并没有分别，这是因为卡特尔组织成员即使是外国人，本国仍然会惩罚其对经济产生损害效果的行为。而今，美国法院常常对发生在境外的某些市场竞争行为行使反垄断法域外管辖权。基于美国所保持的英美法的传统，研究其域外管辖权发展过程中的典型事件是理解当今使用频繁的域外管辖权内涵的一种有效方法。

在美国域外管辖权的发展历史中，美国铝业公司（Alcoa）案是无法迈过的一页。该案引发了美国与其他国家之间的冲突。鉴于围绕美国铝业公司案引发的争议以及外国政府提出的抗议，美国法院在后来应用效果原则上不得不小心措辞。为此，一些美国法院开始援引司法礼让原则，该原则似乎始于 20 世纪 50 年代的一位重要学者的著作，在书中他主张“合理管辖原则”，要求在本国和外国利益之间大致取得平衡。[②]在 Timberlane I 案中，联邦第九巡回上诉法院认为在权衡利益方面必须考虑的因素包括：与外国法律或政策之间的冲突程度；涉案各方的国籍或公民身份以及涉案企业所处的位置或者主要营业地；任何一国能够通过执法活动取得预期效果的能力；是否存在明显的损害或影响美国商业活动的动机；该效果的可预见性；被指控的违法行为在美国与在国外相比较的相对严重程度。

因此，美国法院采用了一种狭义适用效果原则的方法，以尽量缩小效果原则的适用范围。在反垄断法的域外适用方面，不仅要求满足在美国国内产生了直接的和实质性的效果这一条件，还要求在主张管辖权时权衡美国利益各方的关系，同时也要考虑可能对此权力主张提出异议的任何其他国家的利益。

1982 年，美国国会通过了《国外贸易反垄断促进法案》（FTAIA）。[③] FTAIA 确立了一条统一标准：只有当某一行为对美国国内市场或出口贸易产生“直接的、实质性的和可以合理预见的效果”时才允许主张管辖权。FTAIA 似乎对于在 Timberlane 案中形成的“合理管辖原则”持中性

① 148 F 2d 416 (2ND Cir., 1945), p. 444.

② K.Brewster, *Antitrust and American Business Abroad*, New York: McGraw-Hill, 1958.

③ 该法修订了《谢尔曼法》和《联邦贸易委员会法》关于出口贸易和纯粹外国行为的规定，但对关于进口贸易的内容未作修订。

立场。从 FTAIA 的立法过程看，该法律的中立立场是显而易见的。在该法案最后获得通过之前，立法部门的陈述中指出该法案既不是要阻止，也不是意在鼓励司法机构进一步承认任何一项交易活动的国际性特征。FTAIA 还规定，如果法院认为案件符合事项管辖权要求，FTAIA 不干涉法院是否考虑交易的国际性特征而适用礼让原则或不适用礼让原则的能力。

尽管如此，美国 1988 年通过的《对外关系法第三次重述》采纳了类似“合理管辖原则”的方法。[①]该法认为源自司法礼让原则的权衡各方利益的方法符合国际公法原则。[②]

美国反垄断机构在域外管辖权的适用原则方面表现出显著的时代性。大约在 20 世纪 90 年代初期，美国司法部的出版物中称，法律域外适用的目的在于保护美国出口和投资机会免受来自私人部门的限制，以及使每一家美国企业在出口商品、服务和资本方面不因为一家较强大的企业或不十分守法的企业施加的限制而不能参与市场竞争或者被排挤出外国市场。[③]几年后，司法部似乎放弃了原来的目标，而将消费者福利目标引入国际层面的反垄断法。关于合理管辖原则，司法部在 1988 年的反垄断执法准则中表述的观点是：在针对那些损害美国消费者利益和损害美国出口利益的出口限制提起诉讼方面，合理管辖原则属于“起诉自由裁量权”范畴，而非法律条文。

虽然 FTAIA 将依据《谢尔曼法》的管辖权扩展至那些对美国出口或出口贸易产生直接的、实质性的和可以合理预见的效果之行为，但司法部关注的则是那些可能通过减少产量或提高价格损害美国消费者利益之行为。[④]

进入 20 世纪 90 年代初，美国司法部抛弃了上述做法，其解释是，美国国会制订反垄断法的用意并非局限于直接损害消费者利益的案件，

---

① D.Murphy,“Moderating Antitrust Subject Matter Jurisdiction: the Foreign Trade Antitrust Improvements Act and the Restatement of Foreign Relations Law (Revised)”, *University of Chicago Law Review*, 1986, p.54.

② In particular sections 402, 403 and 415 of the Restatement. See Alford,“The Extraterritorial Application of Antitrust Laws: the United States and the European Community Approaches”, *Virginia Journal of International Law*, 1992 (33), p. 23-27.

③ *Antitrust Guidelines for International Operations*, US Department of Justice, Antitrust Division 1988, p. 5.

④ M.Iao,“Jurisdictional Reach of the US Antitrust Laws”, *Rutgers Law Review*, 821, p.140.

而认为当进口商和出口商对美国经济同等重要时，司法部不能仅仅关注美国贸易中 50%的市场竞争状况。这一新政策后来被写入 1995 年由司法部和联邦贸易委员会共同颁布的《涉外案件反垄断法执行准则》(*Antitrust Enforcement Guidelines for International Operations*)。该准则规定，在适当的场合，反垄断机构可以在下述两种情况下对发生在任何地点的限制美国出口的限制竞争行为行使管辖权：第一，该行为对来自美国的出口商品或服务产生直接的、实质性的和可以合理预见的效果；第二，美国法院能够对该行为或企业行使管辖权。在执行这一新政策的过程中，司法部和联邦贸易委员会同意根据 OECD 的建议和其他各双边协议，考虑其他国家的合法利益。该准则进一步解释道，司法部在自由裁量权方面，除了考虑是否与外国法律存在冲突，还要考虑礼让问题。司法部强调，法院不应对反垄断机构在处理礼让问题上的适当性做出评判。虽然存在争议，但上述观点显然表明，美国仍然决心处理来自国外的损害其出口的行为，只是在处理方法上适当考虑外国对该政策可能做出的反应。

哈特福德火灾保险公司诉加利福尼亚案[①]发生在 1948 年，该案对国际礼让原则与反垄断法的适用影响深远。该案中，若干家美国和英国保险公司被控因签署协议改变某些保险范围条款而且拒绝提供某些类型的保险险种服务而违反了 1890 年《谢尔曼法》。英国的保险公司回应说，美国法院不应对其管辖区之外的合法行为主张管辖权，即使该行为在美国产生了影响。

在法院判决中，联邦地区法院认为其可以依据 1890 年《谢尔曼法》对英国企业的行为主张管辖权，理由是这些企业决定拒绝为美国的某些险种提供再保险或转移保险服务，这直接影响到美国初级保险市场上保险服务的供给状况。在处理国际礼让问题上，联邦地方法院援引 Timberlane II 案[②]的裁决，认为在主张域外管辖权时应首先考虑国际礼让原则。而联邦第九巡回上诉法院虽然同意联邦地区法院关于对美国产生影

---

① Case of Hartford Fire Insurance Co. v. Californ.

② 在 Timberlanen 案中，联邦第九巡回法院认为，法院在主张域外管辖权时需要考虑这样几个因素：(1) 涉案行为意图对美国对外贸易施加的影响或实际产生的影响；(2) 被控非法行为种类及危害程度；(3) 依据国际礼让原则和公正原则行使域外管辖权的适当性。Timberlane Lumber Co. v. Bank of America National Trust and Savings Association, 749 F 2d 1378 (9th Cir. 1984), p. 1382.

响的认定，但考虑到国际礼让原则，将联邦地区法院的判决予以推翻。[①]最后，联邦最高法院以 5 比 4 的多数裁定 1890 年《谢尔曼法》确实适用于外国人意图或实际已经在美国产生实质性影响的行为。[②]关于国际礼让原则问题，联邦最高法院认为在该问题上无须做出认定，而且不管怎样，“国际礼让原则在本案情形下不会阻碍管辖权的行使”，虽然主张域外管辖权通常都要遵循国际礼让原则。[③]

在联邦最高法院的裁决中值得一提的一个重要方面是关于英国企业和政府的观点：它们认为被控行为并未抵触英国法律和政策。联邦最高法院在回应该观点时认为，英国和美国法律之间并不存在实质性冲突，[④]联邦最高法院援引《对外关系法第三次重述》第 415 条的规定认为：如果企业依据两国的法律，能够做到同时遵守两国的法律，则并不存在“实质性冲突”。法院认定，因为本案不存在上述“实质性冲突”，美国法院也就无须考虑是否应遵循国际礼让原则，限制自己主张管辖权。

联邦最高法院的判决引发出若干问题。联邦最高法院的多数意见是，如果英国和美国法律之间存在“实质性冲突”，则意味着遵守美国法律的行为导致违反另一国家法律的行为，这是难以接受的。确实，在本案中，安东尼·斯格利亚（Antonin Scalia）大法官在提出少数法官意见时，把该多数意见描述为“过于牵强的推理”。[⑤]可以预料，这种观点必然会引发美国反垄断法与其他国家合法利益之间的冲突。此外，可以认为该判决似乎偏离了《对外关系法第三次重述》的方向。作为《对外关系法第三次重述》（即联邦最高法院此次判决的准据法）的主要起草人，洛温菲尔德（A. Lowerfeld）曾有这样的表述：在确定 A 国是否应针对与 B 国密切相关的行为主张管辖权时，一个重要问题是看 B 国是否显而易见地拥有与 A 国截然不同的价值体系和优先次序，并且适用 A 国法律的结果损害了 B 国的价值体系和优先次序。这里，如果出现可能损害 B 国利益的情况，我并不提议 A 国坚持主张管辖权。其他一些因素也同等重要，如 A 国利益的大与小，在 A 国出现的违法行为的严重程度、行为主体的意图等。虽然我希望各国不因上述因素产生管辖权之争，但是，管辖权

① In re Insurance Ant. Litigation, p. 938 F 2d 919，932 (9th Cir. 1991), 934.
② 509 US 764 (1993), p. 796.
③ 509 US 764 (1993), p. 798.
④ 509 US 764 (1993), p. 798-9.
⑤ The judgement, p. 820.

之争并非仅是关于权力控制的问题，也是关于利益、价值和相互竞争的优先次序的问题。在一个各主权国家和平共处的世界里，所有上述因素都应在管辖权的理性分配问题上予以考虑。

联邦最高法院强调“实质性冲突”，这似乎偏离了以前的做法：此前的法院判决特别强调考虑其他国家利益问题，[①]而且已不像以前那样要求认真考察反垄断执法过程中主张管辖权的合理性。[②]如果存在不合理的主张管辖权事由，美国法院则避免主张管辖权。这与《对外关系法第三次重述》的规定，特别是第 403 条的规定相符合。本案中，安东尼·斯格利亚大法官根据第 403 条的规定，同时兼顾本案事实及其他因素，裁定不应适用美国法律。根据安东尼·斯格利亚大法官的意见，相关行为主要发生地为英国，被告为主营业地在美国一之外的英国企业。他认为，本案中找不出任何理由支持美国主张立法管辖权，而且依据现有实体法规定，如果找不出明文规定，也不能假定国会支持主张管辖权。[③]

联邦最高法院判决引出的难题也与主权国家强制性规定抗辩有关。[④]根据该抗辩，如果另一国家法律明文规定限制行为人做出违反美国反垄断法的行为，否则即面临处罚，这种情况下可拒绝接受美国法院管辖。该抗辩的理论基础是主权国家享有对境内商务活动的管辖权。因此，如果一个国家强制要求企业遵守某项规定，则企业只能遵从，而没有选择余地。此时，企业行为自动地被视为国家行为。在美国，1890 年《谢尔曼法》并未授权法院对外国政府行为行使管辖权。按照 1890 年《谢尔曼法》的规定，该法案仅禁止自然人和企业的限制竞争行为。在联邦最高法院的判决中，在被控行为满足外国法律强制抗辩问题上，似乎没有区分两方面因素：一是国际礼让情形下行使司法自由裁量权问题；二是能否找到外国主权强制抗辩的确凿证据。因此，如果英国企业能确定其被控行为属依据英国法律强制抗辩行为，它们就可依据外国主权强制抗辩免受反垄断起诉，而无须进行国际礼让原则问题的分析。本案中，联邦最高法院的多数意见没有明确回答国际礼让原则是否要求美国法院在缺

① Doe v. United States，487 US 201 (1988), p. 218.
② Asahi Metal Indus. Co. v. Superior Ct., p. 480 US 102, 115 (1987).
③ The judgement, p.819.
④ J. Leidig, The Uncertain Status of the Defence of ForeignSovereign Compulsion: Two Proposals for Change, Virginia Journal of International Law, 1991 (31), p. 321.

少实质性分歧的条件下回避行使管辖权问题，以及如果确实缺少实质性分歧的条件，那么又在哪些情况下回避行使管辖权的问题。[①]

考察哈特福德火灾保险公司案之后的案件，我们同样可以发现上述问题。哈特福德火灾保险公司案争议的焦点是礼让问题。其后的几个案件注意到哈特福德火灾保险公司案并未质疑管辖权方面合理推定原则的适当性，也未对 Timberlane I 案中的 7 个礼让因素提出质疑。[②]在一些案件中法院认定本国法律与外国法律存在“实质性分歧”并据此做出判决，[③]而在另一些案件中法院则拒绝依据国际礼让原则免予起诉。[④]

或许哈特福德火灾保险公司案引出的最大难题是该案使得美国法院在实施其反垄断法及国际礼让原则方面热衷于域外适用。有学者认为，该案鼓励美国政府、各个州及私人部门的申诉者强烈依赖反垄断法的域外适用，其原因可透过对本案之后美国法院的几次裁决的分析呈现出来。一个很恰当的案例是美国诉日本纸业公司案。该案涉及一家日本企业日本纸业公司（Nippon Paper）被美国反垄断机构指控其在美国市场上存在价格合谋，违反了 1890 年《谢尔曼法》第 1 条的规定。联邦地区法院驳回了反垄断诉讼，认为刑事反垄断诉讼不能延伸至完全发生在境外的行为。本案上诉至联邦第一巡回上诉法院，联邦第一巡回上诉法院推翻了联邦地区法院的判决，认为美国政府可以根据日本纸业公司在美国操纵价格行为的事实起诉这家日本企业。法院认为不存在日本纸业公司可以依据礼让原则获得豁免待遇的充足理由。根据法院的判决，如果裁决有利于这家日本企业，则会导致鼓励其他企业利用非正当手段干扰美国市场，致使国际市场因为存在限制竞争行为而阻碍市场机制的正常运转。

很难估计日本纸业公司案的深远影响，特别是考虑到联邦最高法院不允许被告企业上诉。不过我们可以肯定地讲，美国反垄断机构继哈特福德火灾保险公司案之后总体而言继续奉行其反垄断法的域外适用特别是

---

① J. Griffin, “Extraterritoriality in US and EUAntitrust Enforcement”, *Antitrust Law Journal*, 1999 (67), p. 159.

② Metro Indus. Inc. v. Samna Corp，82 F 3d 839 (9th Cir. 1996), 846, note 5.

③ Filetech SARL v. France Telecom, 978 F. Supp. 464 (SDNY 1997); Trugnwn- NoshInc. v. New Zealand Dairy Board, 945 F. Supp. 733(SDNY 1997), 736.

④ For example, Caribbean v. Cable and Wireless Plc, 1998-2 Trade Cas (CCH)72, 209 (D. C. Cir. 1998).

在日本纸业公司案中，而礼让原则在反垄断案件中的作用似乎微乎其微。[①]

（二）欧盟反垄断法域外管辖实践分析

欧盟反垄断法的域外适用问题是由木浆案（Wood Pulp）引出来的，欧盟委员会在裁决中认为，欧盟反垄断法适用于发生在欧盟以外、但对欧盟市场产生影响的行为。不过，欧洲法院拒绝在法律域外适用问题上直接表态。欧洲法院认为，操纵价格的协议如果在欧盟范围内“履行”，则适用《欧盟条约》第 81 条第 1 款的规定。[②]

继木浆案之后，欧盟委员会似乎在其裁决中遵循履行地原则，有两个案例可以被用来说明这个问题。第一个案例是聚氯乙烯（PVC）案[③]，欧盟委员会根据履行地原则对一家被控参加价格卡特尔的挪威聚氯乙烯厂商主张管辖权。第二个案例是热塑性低密度聚乙烯（LdPE）案[④]，欧盟委员会同样运用履行地原则对若干热塑性低密度聚乙烯厂商的操纵价格和其他共谋行为提起诉讼。不过有趣的是，在被欧盟委员会起诉的企业中，西班牙企业 Rapsol 的情况很特殊，因为不同于奥地利、芬兰和挪威的企业，Rapsol 并未在欧盟范围内履行其协议，而仅仅在西班牙履行协议，当时西班牙尚未加入欧盟。欧盟委员会认为上述事实不能使 Rapsol 免受法律处罚。因此，根据欧盟委员会的意见，欧盟委员会有权主张管辖权，因为 Rapsol 参加卡特尔组织会对欧盟市场竞争产生影响。[⑤]因此可以说，欧盟委员会似乎正在偏离履行地原则而走向效果原则，特别是在个案中。

1999 年，欧洲初审法院在反垄断法的域外适用问题上就依据《欧共体 4064/89 号条例》提起诉讼的一桩案件做出裁决，即金科公司（Gencor）

---

① J. Griffin, “Extraterritoriality in US and EUAntitrust Enforcement”, *Antitrust Law Journal*, 1999 (67), p. 159.

② 存在一种与上述观点不同的看法，即欧洲法院所遵循的是客观属地原则。依据客观属地原则，只要某一垄断违法行为的结果发生在欧盟范围内，欧洲法院就可以行使管辖权的方式来实施维护欧洲市场一体化的目标。See Alford,“The Extraterritorial Application of Antitrust Laws: the United States and the European Community”, *Virginia Journal of International Law*, 1992 (33), p.31. Also see J. Griffin, “EC and US Extraterritoriality: Activism and Cooperation”, *Fordham International Law Journal*, 1994 (17), p. 353-378.

③ OJ 1990 No. L74/1；[1990]4 CMLR, p. 345.

④ OJ 1989 No. L74/1；[1990]4 CMLR, p. 382.

⑤ OJ 1990 No. L74/1；[1990]4 CMLR, p. 409-10.

诉欧盟委员会案。本案涉及一家在南非设立的企业金科公司和另一家在英国注册的企业罗荷集团（Lonrho）建立一家合资企业的申请。当时，金科公司的主营业务是矿产资源和金属制品。该公司持有另一家南非企业羚羊铂业公司（Implats Platinum）46.5%的股权。这导致铂系金属（PGM）市场上金科公司的市场份额加大。另一方面，罗荷集团在采矿、金属制品、农产品、酒店服务和一般贸易方面均有较多业务。罗荷集团控制羚羊铂业公司旗下在南非注册的两家公司东方铂业公司（Eastern Platinum Ltd.）和西方铂业公司（Western Platinum Ltd.）73%的股权。这导致铂系金属市场上罗荷集团的市场份额加大。羚羊铂业公司其余 27%的股权由金科公司控制。

根据并购协议，金科公司和罗荷集团联合收购羚羊铂业公司。并购结束后，羚羊铂业公司的股权分割状况为：公众持有 36%的股权，金科公司持有 32%的股权，罗荷集团持有 32%的股权。并购双方向南非竞争委员会（South Africa Competition Board）和欧盟委员会提出并购申请。南非竞争委员会核准了这项并购，欧盟委员会则驳回了并购申请，因为欧盟委员会认为该项并购将会扭曲欧洲共同市场的竞争条件，并购导致企业拥有市场主导地位，这会严重损害欧洲共同市场上的竞争。

本并购案引起各方面的极大关注。其原因很多，其中的一个原因是本案引发关于欧盟委员会是否拥有对本案的域外管辖权问题，以及本案中基于同样的事实，不同的反垄断机构做出了相互冲突的裁决。本案还导致南非政府层面的干预，其目的是说服欧盟委员会核准该项并购，不过实际参与政治干预的政治人物并未对欧盟委员会的裁决提出异议。

并购双方，特别是金科公司，并不认为欧盟委员会拥有对本案的管辖权，因此向 CFI 提出申诉，要求驳回欧盟委员会的裁决。在其起诉状中，金科公司提出的抗辩理由是欧盟委员会缺乏依据《欧共体 4064/89 号条例》对本案的管辖权，因为并购的履行地是在欧盟之外。该企业还进一步提出，即使《欧共体 4064/89 号条例》适用于本案，而且欧盟委员会拥有管辖权，但根据《欧盟条约》第 241 条的规定，欧盟委员会行使管辖权为违法行为，因此不能在本案中采纳欧盟委员会的裁决。

但是，尽管金科公司提出的观点十分具有说服力，但是欧洲法院拒绝受理本案，因此驳回了对本案实施司法审查的申请。欧洲法院认为，虽然本案中合同履行地为南非，《欧共体 4064/89 号条例》也同样适用。这是因为，《欧共体 4064/89 号条例》所依据的管辖权标准应与木浆案的裁决相一致。欧洲法院强调,《欧共体 4064/89 号条例》第 1 条界定了“欧盟范围”的概念,欧盟委员会据此行使管辖权。《欧共体 4064/89 号条例》并未要求涉案企业必须是在欧盟注册成立的企业，也未要求并购协议下的生产设施必须处于欧盟范围内。基于此，欧洲法院认为欧盟委员会对本案拥有管辖权，因为涉案企业的行为虽然发生在欧盟之外，但其确实导致了建立和加强市场主导地位的结果，而且，这一结果是扭曲了共同市场上的竞争，或者在相当程度上妨碍了共同市场上的竞争。欧洲法院还认为，依据国际公法原则，欧盟委员会可以依据《欧共体 4064/89 号条例》的规定行使对欧盟范围之外涉嫌垄断行为的管辖权，只要该行为在欧盟范围内产生了直接的、实质性的和可以预见的效果。欧洲法院裁决第 90 段指出，欧盟委员会的裁决符合国际公法原则，原因是并购导致的市场集中，会在欧盟范围内产生直接的和可以预见的效果。欧洲法院在其裁决第 98 段中认为，如果一项交易或并购建立市场主导地位，并导致共同市场上的竞争受到实质性影响，欧盟委员会不能被阻止行使管辖权，这是因为在世界市场上，其他市场也受到本次并购或交易的影响。

2001 年 7 月 3 日，欧盟委员会裁定驳回美国企业通用电气（GE）和霍尼韦尔（Honeywell）之间的合并申请，认为本次并购中如果霍尼韦尔的市场领先地位与通用电气的财力相结合，形成飞机采购、融资、租赁和售后服务市场一体化运作，将导致若干市场上的主导地位。欧盟委员会认为该并购与共同市场的竞争规则不相容。[①]

不过，美国方面核准了该项并购，这使得本案受到前所未有的媒体报道和公众关注。不仅如此，欧盟委员会驳回并购申请这一事实招致美国方面对欧盟执法活动的严厉批评。特别是欧盟委员会被指责关注竞争者利益而非消费者利益，而欧盟始终否认这一指控。

除实体法方面的意义，通用电气并购霍尼韦尔案在体现欧盟继续主张域外管辖权方面也十分重要。本案中，没有任何一家企业是在欧盟注册的，或者在欧盟范围内拥有生产设施。本案与之前的案件，包括金科公司诉欧盟委员会案，表现出欧盟委员会在主张域外管辖权方面的一贯性。基于这一原因以及其他方面的考虑，本案具有特别重要的意义。更

① 在前面提到过通用电气与霍尼韦尔案对于滥用市场支配地位的考量因素研究所具有的典型意义，但本案的意义显然远不只此，甚至在企业并购以及反垄断法域外管辖权的研究中也为人所津津乐道。

为重要的是，我们很难确切地说在通用电气并购霍尼韦尔案之后，欧盟委员会在管辖权问题上的理解能否与美国方面在管辖权问题上和效果原则方面取得意见一致，特别是考虑到欧盟委员会在金科公司诉欧盟委员会案中的裁决以及欧洲初审法院的判决。

在欧盟范围内，虽然欧盟委员会已经表示出其愿意靠近美国标准的立场，[①]但是欧洲法院则显示出明显的反对美国效果原则的意图。欧洲法院与欧盟委员会之间的分歧表明效果原则在欧盟范围内的作用微乎其微。[②]对欧洲法院的立场存在不同的解释。第一种解释是欧洲法院的首要目标是市场一体化。第二种解释是欧洲法院认为美国式的解决方案对欧盟的情况不适用或效果不佳。[③]第三种解释是欧洲法院尚未有机会在其判例法中做出此方面的相关裁定。

在国际礼让问题上，欧盟似乎总体上尊重这一原则，特别是遵守OECD关于国际礼让原则的建议。[④]根据OECD的建议，成员国应遵循国际法和礼让原则，相互谅解、积极合作、协调一致打击限制竞争行为。仅就欧盟委员会而言，欧盟委员会的立场十分明确，即欧盟法律适用过程中国际礼让原则不构成对管辖权的强制抗辩。首先，涉案企业不必因此违反国内法规；其次，不能对第三国的重要利益带来负面影响。在任何情况下，欧盟委员会只有在第三国利益的重要程度超过欧盟维护市场竞争秩序的基本利益的重要性这一条件下才能首先考虑礼让原则。同欧盟委员会的立场不同，欧洲法院并未在国际礼让问题上做出足够多的解释。过去，欧洲法院只是偶尔涉及国际礼让问题。例如，在IBM案中，IBM认为欧盟委员会在提起诉讼和做出裁决之前应考虑国际礼让原则，欧洲法院的回应是欧盟委员会不必这样做。在国际礼让问题上的回避态

---

① B. Pearce, "The Comity Doctrine as a Barrier to Judicial Jurisdiction: a US-EU Comparison", *Stanford Journal of International Law*, 1994 (30) , P. 525-576.

② A. Himmelfarb, "International Language of Convergence: Reviving Antitrust Dialogue between the United States and the European Union with a Uniform Understanding of'Eztrateritoriality'", *University of Pennsylvania Journal of International Business Law*, 1996 (17) , p. 221.

③ B. Pearce, "The Comity Doctrine as a Barrier to Judicial Jurisdiction: a US-EU Comparison", *Stanford Journal of International Law*, 1994 (30) , P. 525-576.

④ Revised Recommendations of the OECD Council Concerning Co-operation between Member Countries on Anicompetitive Practices Affecting International Trade, OECD Doe. No. C (95) 130 (Final) , 27 July 1995.

度还见诸木浆案。在裁决中，欧洲法院仅用一个段落提及其在国际礼让原则上的立场，认为对欧盟委员会忽视国际礼让原则的质疑实质是否认欧盟对所涉案件的管辖权。这实际上表明欧洲法院对国际礼让原则的否认。

美国方面则始终没有停止其扩大域外适用范围的做法。例如，1995年《涉外案件反垄断法执行准则》中，美国反垄断机构继续运用效果原则主张域外管辖权，这与哈特福德火灾保险公司案及FTAIA规定的“直接的、实质性的和可以合理预见的效果”原则相一致。此外，有迹象表明美国执法机构愿意就跨国限制竞争行为问题与其他国家的反垄断机构合作。[①]尽管如此，1995年《涉外案件反垄断法执行准则》中明确表示不排除美国反垄断机构单方面采取行动的可能性，特别是当外国当局未能就美国已经明令禁止的私人部门限制竞争行为采取行动，或者未能有效采取行动时。

大西洋两岸反垄断方面存在若干相似和相异之处，或许最显而易见的相异之处在于效果原则和履行地原则的分别。区分在欧盟之外发生而在欧盟范围内“履行”的限制竞争行为与此类行为之间的“效果”似乎在极少的案例中才有实际意义。一些学者主张，如果欧洲法院坚持运用属地原则主张管辖权，则欧盟应将部分反垄断案件排除在欧盟司法审查范围之外，即主张限制履行地原则的应用范围。[②]不过，至于哪些反垄断案件被纳入司法审查范围之内或哪些被排除在外尚不得而知。有观点主张，拒绝向欧盟企业供货或拒绝从欧盟企业采购的限制竞争行为应纳入“履行地原则”范围内，另有观点则主张这种做法会扩大欧洲法院的司法管辖权。另一个相关的重要问题是对于那些不能依据履行地原则主张管辖权的案件，欧盟委员会将如何处理。我们要关注的是欧盟委员会是否要坚持履行地原则，欧盟委员会是否将运用效果原则，以及欧盟委员会是否会依据欧盟与美国之间签署的双边协议遵循积极礼让原则。

哈特福德火灾保险公司案、金科公司诉欧盟委员会案以及通用电气并购霍尼韦尔案也具有重要意义。联邦最高法院在哈特福德火灾保险公司案中对美国反垄断法的域外适用范围给予了宽泛的解释。也有人认为，

---

① US Department of Justice, press release “justice Department Closes Investiation intothe Way AC Nielsen Co. Contracts Its Services for Tracking Retail Sales”, 3 December 1996, p.152.

② Alford, “The Extraterritorial Application of Antitrust Laws: the United States and the European Community Approaches”, *Virginia Journal of International Law*, 1992 (33), p. 23-27.

这样做的原因是联邦最高法院忽视了国际公法对美国司法管辖权的限制。此外，这使得美国的反垄断体系在域外管辖权问题上与世界其他国家的反垄断体系相比建立在不同的原则基础上，特别是不同于欧盟的反垄断体系。这显然会引发世界上主要反垄断体系之间的冲突。相比之下，通用电气并购霍尼韦尔案和金科公司诉欧盟委员会案似乎让欧盟在域外管辖权问题上的立场更贴近美国。

尽管如此，欧美双方在反垄断法的域外适用问题上相互接纳的态度并不一定能消除双方在域外适用问题上的种种分歧，当然，双方均扩展域外适用范围的做法也不是没有摩擦的。但如果我们综合考虑上述美国反垄断法的域外适用现状、欧洲初审法院对金科公司诉欧盟委员会案及欧盟委员会对通用电气并购霍尼韦尔案的裁决就会发现，最可取的消除分歧的途径是尽早而不是推迟建立一套国际化反垄断体系，即使只局限在极其有限的范围内，例如在并购方面，却也不乏为一项值得考虑的方案。

可以预见，欧美反垄断体系之间的差别将对双方关系产生冲击。例如，在欧美签署的反垄断双边合作协议中，虽然双方享有第 4 条和第 6 条赋予的同等礼让权利，但似乎由于双方在域外管辖问题上的分歧，双方的利益将会存在差别。

概括说来，似乎欧盟和美国之间并不能在礼让原则和域外适用问题上达成一致。此外，美国在域外适用问题上的立场并未表现出一贯性，存在两套不同的域外适用标准。第一套标准是依据普通法的遵循国际礼让原则，根据特定事实行使管辖权的标准。第二套标准是《国外贸易反垄断促进法案》所规定的是否存在“直接的、实质性的和可以合理预见的效果”标准。该标准下，我们不能确定礼让原则是否总是居于优先考虑地位，足以替代“直接的、实质性的和可以合理预见的效果”这一检验标准。该检验标准似乎仅仅强调在主张域外管辖权过程中要认定限制竞争行为与美国的市场竞争条件之间存在紧密的联系，以此作为主张域外管辖权的依据，而不考虑国际礼让问题。不同检验标准的存在可能导致美国反垄断法和政策方面的不一致和缺乏惯性。在大西洋另一岸的欧盟，欧盟委员会似乎比欧洲法院更乐于接受美国在域外适用方面的立场。不过，欧洲法院到目前为止一直强调属地原则，并不情愿追随美国方面主张的“效果”原则以及礼让原则。欧盟与美国双方立场存在的上述分歧不仅表明在反垄断政策和国际公法之间的互动中注定存在困难，而且还显示出将欧美两个反垄断体系结合在一起必然存在巨大的挑战。但如果能将欧美两个反垄断体系结合在一起，这将对反垄断政策国际化产生重大影响。

三、反对域外管辖权的实践和思考

（一）反对域外管辖权的实践

美国一贯追逐反垄断法域外适用的做法似乎鼓励着其他国家也采取同样措施，在其各自的反垄断体系中引入“效果”原则。不过，美国的做法也引发了许多其他国家的强烈反对。随着时间的推移，已经有越来越多的国家对美国反垄断法的域外适用持反对态度。英国一直强烈反对美国反垄断法的域外适用[①]，并多次在不同场合表示，当其他国家向美国商品关闭市场，或者拒绝接受美国技术标准时，美国则以此为由主张管辖权，这实际上是美国在利用反垄断法作为美国企业打开国外市场的贸易政策工具。根据英国的观点，这种做法是令人难以接受的，是反垄断法的滥用。[②]在欧盟方面，欧盟委员会认为美国 1995 年《涉外案件反垄断法执行准则》中强调执法机构的单方面措施实际上不仅违反了遵守礼让原则的承诺，而且也背离了美国支持国际合作的承诺。基于以上原因，为了对上述法律域外适用现象不断扩展的状况做出回应，各国通过三种途径抵制上述局势的蔓延，即外交抗议途径、立法途径和判例法途径。

1. 外交抗议途径

外国政府对美国反垄断法的域外适用提出外交抗议一直表现为最直接的抵制途径。过去数年来，美国政府已与其他不少于 20 国政府之间已经展开多次内容丰富的高层外交会话，[③]这些外交抗议的核心内容是美国

---

① V. Sharma, “Approaches to the Issue of Extra-TerritorialJurisdiction”, *Australian Journal of Corporate Law*, 1995 (5) , p. 45.

② Comments of the UK Government on the Antitrust Enforcement Guidelines for International Operations (1995) December 1994. See J. Griffm, “International Antitrust Guidelines Send Mixed Message of Robust Enforcement and Comity”, *World Competition*, 1995 (19) , p. 5.

③ G. Haight, Extracts from Some Published Material on Official Protests, Directives, Prohibitions, Comments, etc, in Report of the 51st International Law Association Conference 1964, pp. 565-92；J. Davidow, “Extraterritorial Antitrust and the Concept of Comity”, *Journal of World Trade Law*, 1981, pp. 500- 508；M. Weiner, “Remedies in International Transactions: a Case for Flexibility”, *Antitrust Law Journal*, 1996 (65) , p. 261.

反垄断法的域外适用损害了其他国家的利益。但是，我们尚无法确定上述外交抗议通过外交对话途径能否有效地帮助外国政府解决其与美国在国际反垄断问题上发生的冲突，特别是考虑到美国在礼让原则方面的立场不十分明朗。

2. 对抗立法途径

虽然在一些成案当中，外交抗议曾经发挥过关键性的作用，但外交对话方式解决问题的局限性也无法被忽视，[①]因此，各国有时通过强化国内法制体系的建设来抵制美国反垄断法的域外适用。[②]一些国家引入一系列法规，以期对抗美国方面大肆主张管辖权行为。其中最为常见的立法途径是制定抵制性法规，制定这些法规的目的是，当外国执法机构发出调查函件时，阻止本国信息的披露、复制、核查或者文件的销毁。

英国制定了两部这类法规：第一部是 1964 年的《船运合同和商务单据法》（*Shipping Contracts and Commercial Documents Act*），其背景是美国对班轮协会发起反垄断调查；第二部是 1980 年的《贸易利益保护法》（*Protection Trading Interests Act*），用来替代 1964 年的法规。1980 年《贸易利益保护法》授予外交大臣在当外国法院出于管理和控制国际贸易目的要求提供商务单据或信息时不予采取配合行动的权利，以期抵制上述措施。法国制定的法律规定，为外国法院提供商务或技术文件为犯罪行为，但属国际条约或国际协定要求者除外。[③]其他国家也制定有类似的法规，特别是那些国内企业涉及铀产品诉讼的国家。

3. 判例法途径

一些国家用来抵制美国反垄断法域外适用的第三种途径是运用判例法。在英国，国内法院最早的尝试是抵制 1952 年美国反垄断法的域外适用。在 British Nylon Spinners 诉 ICI 案中，英国上诉法院要求 ICI 不要配合美国法院做出的判决。美国法院要求 ICI 将部分专利权转让给杜邦公

---

① J. Atwood, *Antitrust and American Business Abroad*, New York: McGraw-Hill, 1981, pp. 136-145; M. Sennett and A.Gavil, "Antitrust Jurisdiction, Extraterritorial Conduct and Interest Balancing", *International Lawyer*, 1985 (19) , p. 1185& pp. 1213-14.

② Case 48/69 ICI Ltd. v. Commission [1972] ECR 619; [1972] CMLR 557.

③ See Law No. 80-538 16 July 1980, J. O., p. 1799.

司。[1]上诉法院对早些时候莱恩（Ryan）法官在美国诉 ICI 案[2]中的判决置之不理；莱恩法官判决 ICI 处置其工业产权。英国上诉法院则认为这是主张域外管辖权的表现，英国法院不予承认。[3]英国法院的案卷主事官在谈及莱恩法官的裁决中认为美国法院勒令消除损害美国贸易的因素并未损害到外国管辖权的观点时，[4]这位案卷主事官做出了这样的评述："如果这位博学的法官意在说明（至少在我看来他是这样的），对另一主权国家发号施令或者勒令另一国家法院或国民'消除损害美国贸易的因素'，并未构成对其他主权国家管辖权的侵犯，那么我一定要说的是，我不能同意这种说法。"

经 20 多年后，在 Rio Tinro zinc 诉 Wastinghouse Electric Corp 案中。英国上院对美国域外适用反垄断法的做法表现出类似的抵制态度。Diplock 勋爵的观点是，美国政府以违反美国反垄断法为由，动用美国司法力量对发生在美国境外的英国企业行为发起调查，这构成了对英国主权的侵犯，是不可接受的。

笔者认为，美国以及任何其他寻求本国反垄断法域外适用的国家都应考虑外国的上述观点和利益。美国执法机构在决定根据本国反垄断法针对境外限制竞争行为采取行动时应该顾及自身行为可能对与其他国家之间的关系以及对促进与其他国家反垄断机构之间的合作产生的负面影响。遗憾的是，过去数年来，美国方面并未表现出这种姿态。

一国在试图将本国经济法规和管理方法强加给境外其他主权国家时，应对自身行为加以约束，并充分尊重其他国家在处理内部贸易和国民利益方面的主权和独立性。虽说一国对本国境内违反本国法律的行为拥有绝对的管辖权，即使一国坚信本国法律和政策目标对其他主权国家来说也是最理想的法律和政策目标，该国也不能对外国企业行为主张绝对的管辖权。艾森豪威尔总统在就职演说中，谈到美国是否应停止将本国反垄断法强加给其他国家的问题时，有过这样著名的表述："我们要尊重世界各国各自追求的目标及传统，美国永远不会利用自身强势威胁其

---

① British Nylon Spinners Ltd. v. ICI. See O. Khan-Freund, "English Contracts and American Antitrust Law: the Nylon Patent Case", *Modern Law Review*, 1955 (18) , P. 65.

② United States v. ICI, 100 F. Supp. 504, at 592 (SDNY 1951) .

③ British Nylon, p. 24.

④ United States v. ICI, 105 F. Supp. 215 (SDNY 1951) , p. 229.

他国家选择的政治和经济制度。[①]”

（二）对域外管辖权合法性与合理性的思考

一般说来，当 A 国寻求对 B 国国民的行为主张管辖权时，这不但构成对 B 国法律的侵犯，而且还违反了国际礼让原则。有学者认为，这实质上是一种侵略行为。在反垄断政策领域，仅就美国而言，其行为已构成司法侵犯。[②]这就背离了国家间长久已来业已形成的谅解，即如果不存在相反的立法目标，各国应遵守和履行国际公法原则。其中的一条国际公法原则是，一国国内法不能延伸至其疆域以外，除非是针对其国民的例外情况。各国应意识到其管辖权受到属地原则的限制。遗憾的是，美国法院出于对上述国际法原则的藐视，竟然对外国企业的行为主张管辖权，而行使该管辖权的准据法为美国的法律。这为反垄断法的国际协作带来了极大困难。

上述美国法院的案例即可说明这一点。从这些案例中可以看出法院在国际公法方面存在认识上的根本性错误，即认为可以根据本国法律起诉外国企业。如果一国真的可以对外国企业主张管辖权，其原因仅仅是外国企业行为在本国产生了“后果”，或者因为该国“禁止”此类行为，那么这种域外管辖权几乎可以无限扩展了。显然我们需要划定一个界限。而考察法院的职能正是我们分析中合理的下一步骤。

美国法院在反垄断法域外适用问题上的处置方式引出关于司法部门在域外管辖权和国际礼让方面的职能问题。尚不能确定司法部门是否应该担当这一领域的决策机构。[③]在法律与政治交汇的领域，法官能否正确评估其做出的裁决对对外关系的影响是值得怀疑的。此外，如果国家立法机构没有发出试图跨国界管制有关活动的信号，法院的干涉行为的正当性就会受到质疑。

美国法院似乎在其反垄断分析中并未保持完全客观的态度，而是倾向于保护本国利益而非他国利益。虽说很难期望国内法院在本国利益与他国利益之间实现绝对平衡，但是观察美国法院的司法实践，利益权衡

---

① [英]马赫·M. 达芭：《反垄断政策国际化研究》，肖兴志、丁宁等译，东北财经大学出版社 2008 年版，第 158 页。

② 同前注。

③ J. Stanford, “The Application of the Sherman Act to ConductOutside the United States: a View from Abroad”, *Cornell International Law Journal*, 1978 (11) , p. 195.

问题并非仅限于法律层面，还涉及其他领域，包括国际礼让原则层面。基于此，利益权衡问题在某些情况下带有更多的政治色彩，而非单纯的司法实践。有些观察家认为，法院在这一领域权衡利益既非适当又不可行，这是因为在敏感的政治和外交问题上，取得利益平衡一直以来被认为是“司法禁区”①。即使没有利益驱动下的偏袒行为，总是存在的“家乡本位”的风险也会致使美国法院与其他国家的法院拥有不同的视角。这就必然导致法院地法适用的问题，即使法院有能力行使这一职责，但似乎需要通过政府间磋商和谈判的方式才能解决问题。很难想象国际公法适用于国际反垄断问题，因为后者实际上是国家间政策冲突的表现。政策方面的冲突问题更适合的解决手段，应该是磋商和谈判。如果一国法院援引本国反垄断法做出有利于本国的裁决，那么这不仅不算是法制，反而是在司法机制掩饰下的经济霸权主义的表现。

美国法院行使域外管辖权还在一般意义上引起法律和政策的不确定性，对企业来说尤为如此。有迹象表明，过去法院的做法极易令人混淆和相互矛盾。②目前，美国境外的外国企业很难预测自己的行为是否会违反美国反垄断法。美国法院的裁决，特别是哈特福德火灾保险公司案中联邦最高法院多数票的意见，增大了这一不确定性。

也有人反对上述意见，认为在法律域外适用和礼让问题上，应该有司法部门介入。③特别值得一提的是，有观点认为分析礼让因素对法院而言是正当行使权力，而且外国考量因素的有无这一事实本身并不能导致法院管辖权的丧失。还有观点认为，不应认为对外关系的案件就一定不在司法管辖范围之内。

基于以上分析，似乎可以认为法律域外适用问题并非完全属于法律问题。该问题涉及一国与另一国之间的关系。从这个意义上讲，属于国家层次的问题。经常有这样一种情形，即一个国家希望某个卡特尔组织或其他行为长期存在；或者允许某些国有企业或其他类型大企业免受处

---

① J. Sandage, “Forum Non Conveniens and theExtraterritorial Application of United States Antitrust Laws”, *Wayne Law Review*, 1985 (94) , p. 1693.

② J. McNeill, “Extraterritorial Antitrust Jurisdiction: Continuing the Confusion in Policy, Law, and Jurisdiction”, *Case Western Reserve Journal of International Law*, 1998 (28) , p. 425.

③ S. Burr, “The Application of US Antitrust Law to Foreign Conduct: Has Hartford Fire Extinguished Considerations of Comity?”, *University of Pennsylvania Joumal of International Economic Law*, 1994 (15) , p. 221.

罚，不必披露某些信息；或者当外国反垄断机构域外适用反垄断法时，可免受特定种类的反垄断救济措施约束。国家利益的介入注定要引发各种问题。一个国家决定对另一国家的法律域外适用提出抗议，当然对解决问题于事无补。一些国家如果认为其他国家有称霸之嫌，即使是偶然出现的情况，也会表示坚决反对。这种态度确实存在，而且是处理国家间的关系方面不容忽视的事实。因此，如果问题处理不当，就可能引发严重的国际经济关系冲突，乃至政治冲突。

或许在反垄断法域外适用问题上，主要的反对意见是19世纪沿袭下来的做法已不再适应或者不能及时应对21世纪变化了的条件和进展。其他方面的反对意见还涉及以何种方法或途径减少因为反垄断法的域外适用而引发的冲突问题。

在前文的论述中，我们清楚地看到，无节制地域外适用本国法律是导致国家间反垄断政策方面紧张关系的主要原因。尽管如此，由于传统的属地原则不足以解决经济问题，某些情况下法律的域外适用仍被认为是主张管辖权的合法基础。因此，一国不应无节制地主张域外管辖权，而无视其他国家法律、经济和政治利益。

不管怎样，无论域外适用本国法律是否受到约束，似乎都会招致其他国家各种形式的反对意见。为解决因各国反对而导致的冲突，建立有效的国际反垄断协作机制是一个可供选择的途径。

第二节　实施程序冲突

各国的反垄断法均自有一套实施程序的规定，而这些实施程序也各有特点。首先，各国管辖反垄断问题的实施机构就千差万别。比如，美国执行反垄断法的机构包括联邦贸易委员会、司法部反托拉斯局以及法院，属于二元平行的行政机构与法院协调运作的实施机构体系；而日本的反垄断法实施机制则是公正交易委员会与法院协作的运作模式。其次，各个实施机构在实施反垄断法的过程当中，其倚重的方式方法与处理问题的习惯也各有不同。

一、行政权与司法权的分权与冲突

在世界各国的反垄断法实施机制当中，行政机关和司法机关均占据显著的地位。行政机关内部设有专门的反垄断法实施机构，比如，美国的联邦贸易委员会和反托拉斯局、日本的公正交易委员会、欧盟的欧共体委员会；在司法机关内部，也不乏设立专门法庭的国家，如日本、中国、英国。由于行政机关与司法机关在反垄断法实施中的作用均不可小觑，这就存在两类机关的分权与配合问题。这一问题既体现在国内法层面，在国际法的冲突与协作当中也无法避免。

（一）以行政程序为核心

相对于反垄断诉讼，行政程序是一种在更广泛的主权国家和区域组织的反垄断法实施体系中占据核心地位的程序。因此，行政程序的运用也实际上比反垄断诉讼多得多。行政程序的重要性以日本反垄断法实施机构体系为典型的体现。在日本公正交易委员会在程序上占据显著的核心地位。

首先，发动反垄断法案件的权利主要控制在公正交易委员会手里。在日本，与反垄断有关的案件包括民事案件、行政案件和刑事案件。在这三类案件中，行政案件和刑事案件的启动权完全由公正交易委员会控制。因为，对于刑事案件，公正交易委员会享有独占的揭发权，不经公正交易委员会揭发，不能对违反反垄断法的人处以刑事制裁，也就不能提起刑事诉讼。对于行政案件，虽然发动案件的线索有时候是由私人或其他机构提供，但是是否根据这些线索采取行动是由公正交易委员会决定的，更何况，很大比例的案件是由公正交易委员会根据其自身掌握的线索发动的。

其次，日本反垄断法案件中的大多数主要由行政程序处理。虽然，日本反垄断法案件包括了民事、行政和刑事三个大类，但民事案件和刑事案件非常少，大多数的案件是行政案件。这是因为，一方面，由于实行单倍损害赔偿，以及对损害赔偿诉讼的限制较多，受害人提起损害赔偿诉讼的动力明显不足；另一方面，由于实行慎刑原则，刑事案件也非常少见。

最后，诉讼程序受行政程序的制约。在日本，不仅反垄断法案件的主要发动权被公正交易委员会掌握，而且在非由公正交易委员会承担的诉讼程序中，公正交易委员会也能够行使比较大的影响力。根据日本《禁止垄断法》第 80 条的规定，在审决撤销之诉中，公正交易委员会认定的事实有实质性证据证明属实时，对法院具有拘束力。在关于损害赔偿的民事诉讼程序中，关于损害赔偿金额，法院要向公正交易委员会征求意见。这些都表明，行政程序不仅渗透到了司法程序，而且对司法程序还具有一定的制约性。

另外，在同样深受美国反垄断法影响的欧共体，其行政程序核心的特点同样突出。首先，在欧共体层次，其并无与反垄断法有关的损害赔偿制度，故其排除了欧共体层次上的私人实施地位。其次，在欧共体委员会与欧洲初审法院、欧洲法院受理反垄断法案件的权力配置中，欧共体委员会占据独占权，法院只负责司法审查。

（二）以司法程序为重心

如前文所述，行政程序在反垄断法实施中有广泛应用。但是，美国却有不同的反托拉斯法实施程序特色——以司法程序为中心的"诉讼型"反垄断法实施机制。[①]基于美国对于世界反垄断法实施的影响，美国的这一特色实际成为当今世界反垄断法实施程序的一大特点。

首先，美国反垄断案件的主要部分，即民事案件和刑事案件主要依靠司法程序解决。在美国，反托拉斯案件也可以分为行政案件、民事案件和刑事案件。与日本的反垄断法实践不同，美国反托拉斯案件中的刑事案件和民事案件都占有较高的比例，这当中尤以民事案件最为突出。在世界各国（地区）的反垄断法体系中，都包含有私人实施的空间，然而，最为突出的是美国的反托拉斯法。因为，在美国，从最早的《谢尔曼法》开始，就确立了反托拉斯三倍损害赔偿制度，这给私人实施反托拉斯法提供了强大的诱力。所以，私人实施反托拉斯法在美国甚为活跃，私人实施反托拉斯法案件在所有反托拉斯法案件中占有极高的比例。所以可以说，"美国的反托拉斯法实施机制是以公共实施和私人实施的双重性为基础的，是以诉讼为重点的"[②]。此外，还有一些其他的民事案件，例如，要求法院判决停止反托拉斯违法行为的案件、司法部提起的反托拉斯法衡平诉讼案件等。刑事案件和民事案件主要依赖司法程序解决。这使得司法程序在美国反托拉斯法实施程序中占重要地位。

其次，行政程序受到司法程序的制约。在美国存在两种反托拉斯法的行政机关，即司法部（反托拉斯局）和联邦贸易委员会，它们的行政执法程序各不相同，但都受到司法程序的严格制约。司法部反托拉斯局

---

① R. Whish, B. Sufrin, *Competition Law (3rd ed)* , Butterworths, 1993, p. 282.

② Clifford A. Jones, *Private Enforcement of Antitrust Law in the EU, UK and USA*, Oxford University Press, 1999, p. 87.

对于反托拉斯案件只有调查权，而无制裁权，不管是针对反托拉斯违法行为的民事措施还是刑事制裁，都必须诉诸法院，由法院作出决定。从某种意义上说，司法部执行反托拉斯法的程序基本上是从属于法院的司法程序的。联邦贸易委员会有权对反托拉斯违法案件作出处理决定，相对于司法部，它的执法程序受司法程序的制约程度较低，但是，也受到司法程序的制约。一方面，联邦贸易委员会的裁决要经受法院严格的司法审查；另一方面，联邦贸易委员会本身无权强制当事人遵守其裁决，必须仰仗法院的司法权，通过法院才能强制当事人遵守联邦贸易委员会的裁决。

如上所述，反垄断法的实施体系横跨行政与司法两大部门，反垄断案件的国际冲突的协作不同于普通民事案件的司法协助问题，也不是纯粹的政府间协作问题，而是涉及国内立法、行政、司法多方面直接参与的协作。

二、区域组织与主权国家的分权与冲突

就反垄断法实施程序的国际协作问题，虽无全球层面的多边协定，却已经存在区域层面的协作约定。这就涉及区域内协作程序中的分权的问题。就这一问题，欧盟在分配欧委会与成员国反垄断法实施机构的权限以及促进成员国之间的合作方面都是目前最为先进的。

（一）以欧共体委员会为实施程序的核心

在所有实施欧共体反垄断法的程序中，欧共体委员会占据核心地位是欧共体反垄断法实施程序中最显著的特点。虽然成员国反垄断法主管机构及法院能够受理与欧共体反垄断法有关的案件，但处于从属地位。一方面，欧共体委员会对这类案件享有优先权，成员国反垄断法主管机关仅能受理欧共体委员会没有受理的案件。另一方面，欧共体委员会及欧洲法院还对成员国反垄断法主管机关受理的有关案件进行直接或间接的约束。但这种约束并不是绝对的，成员国仍然可能做出与欧共体委员会不一致的决定。

（二）实施程序二元化与实施结果一体化

欧共体反垄断法的实施有两种层次，一是欧共体本身的实施，这主要依赖于欧共体委员会和欧洲初审法院以及欧洲法院，二是各成员国法

院及竞争主管机构的实施。欧共体反垄断法的实施是二元结构，在程序上也体现出二元特征。因为，欧共体委员会处理反垄断法案件适用自己的程序，而成员国竞争主管机构或法院处理或审理反垄断法案件时也适用各自的程序。

欧共体反垄断法在实施程序上具有二元化特性，但在实施结果上却努力追求一体化目标。欧共体委员会适用欧共体反垄断法处理案件时追求结果的一体化自不待言，就是各成员国依据欧共体反垄断法处理竞争案件，也要将结果上的一体化作为自己的目标。一方面，各成员国执行机构有义务尊重和服从欧共体委员会、欧洲初审法院及欧洲法院的裁决结果；另一方面，各成员国执行机构在处理或审理竞争案件时，须考虑欧共体委员会、欧洲初审法院及欧洲法院曾经宣示的原则、政策和目标等。这些要求在《第 1/2003 号条例》中有明确的体现。该条例第 16 条规定，当成员国的法院根据条约第 81 条和第 82 条对委员会已经决定的协议、决定或者行为作出判决时，它们的决定不能与委员会所通过的决定相背离。它们也必须避免作出与委员会就其审理的案件所作决定相冲突的决定；当成员国的竞争主管机构根据条约第 81 条或第 82 条对委员会已经审理过的协议、决定或行为作出判决时，它们的决定不得与委员会所通过的决定相背离。

当然，前文所述的实施结果的一体化只是欧共体反垄断法实施中的基本目标，并不是指各国实施欧共体反垄断法时必须作出与欧共体委员会一致的决定。因此，各成员国在适用欧共体反垄断法时完全可能做出最符合本国国情的决定。

三、非正式程序的大量采用与冲突的化解

反垄断法的实施，是一项费时费力的工作，因此，在各国反垄断法案件的处理程序中都存在大量非正式程序。这些程序各具特色，不乏一国独有的做法，其在反垄断法的实施程序中发挥着独特的化解冲突的作用。这其中，又以欧盟和日本这两个采用行政程序中心主义的反垄断大国对非正式程序的使用最为广泛，影响也最大。

（一）日本反垄断法实施中的非正式程序

1. 劝告制度，使用劝告审决结案

日本《禁止垄断法》第 48 条引入了一项极有特色的制度，那就是劝

告制度。所谓劝告制度，是指对于从事了某些反垄断违法行为的人，由公正交易委员会劝告其采取适当的措施。如果被劝告的人接受公正交易委员会的劝告，则委员会可以不经过审判程序作出与劝告内容相同的审决，即劝告审决。劝告既可以针对正在从事违法行为的人，也可以针对违法行为已经消失的人。由于劝告审决既不需要经过行政审判程序，也能达到同样的规制效果，因此大大提高了公正交易委员会的办案时间，提高了办案效率。有必要明确的是，劝告制度为日本反垄断法所独有，其他各国反垄断法未有此规定。

2. 同意审决制度

所谓同意审决，是指公正交易委员会作出审判开始决定书后，如果被审人同意开始决定书记载的事实及法律适用，并以书面形式向公正交易委员会申请不经过其后的审判程序而接受审决，并提交记载有排除该违法行为或保证排除该违法行为或者使处于垄断状态的商品或劳务恢复竞争自己所应采取具体措施内容的计划书的，公正交易委员会如认为适当，可以不经过其后的审判程序而作出与该计划记载的具体措施内容相同的审决。日本反垄断法中的同意审决与美国《克莱顿法》第 5 条规定的一致判决制度具有同样的功效，一方面既可以省却其后的审判程序，又可以达到经过正式审判作出判决或决定的效果；另一方面，由于同意审决或一致判决经过了被审人的自主决定，所以被审人能够更为主动地履行判决或审决规定的义务。一句话，同意审决制度的引入也提高了反垄断法案件的处理效率。

在程序法的价值追求中，有两项基本内容，一是程序正义，二是效率。在日本反垄断法实施程序中，这二者都得到了充分的体现。但是，相对而言，对效率方面的追求更为突出。这首先就表现在上文所述的日本反垄断行政执法程序作为反垄断法实施程序的核心。因为相对于刑事程序和民事程序，行政程序最为快捷，最有针对性。

（二）欧共体反垄断法实施中的非正式程序

欧共体委员会在实施反垄断法当中，也偏好大量使用非正式程序处理反垄断法案件。在这里，所谓正式程序是指前文所介绍的委员会通过行政审理方式处理反垄断案件的基本程序，这种程序为《第 1/2003 号条例》所规定，通过作出正式决定而结束。而非正式程序是指除正式程序以外的其他处理案件的程序。

欧共体委员会处理反垄断法案件的非正式程序主要包括：通过行政函件（例如安慰信）；通过集体豁免条例对某些限制竞争协议给予自动豁免；通过给予否定违法证书；通过委员会与企业之间的协商；等等。

欧共体委员会之所以采用大量的非正式程序处理反垄断法案件，主要原因在于欧共体委员会严重缺乏人力，而承担的事务性工作负担非常繁重，另外还需要解决反垄断法领域出现的各种法律难题。据统计，欧共体委员会采用正式程序处理的反垄断法案件只占委员会处理的全部反垄断法案件的 3%。①

这些非正式程序在一国范围内的效力毋庸置疑，但在国际反垄断法案件中，其是否能够得到他国的承认成为一个争议的问题。

第三节 制裁手段冲突

反垄断法制裁是反垄断法实施的保障。在各国反垄断法的实践中，主要存在刑事制裁、行政制裁和损害赔偿三种具有制裁功能的制度规定。其间存在的冲突与协调直接影响反垄断法的实施效果，具有重要意义。

一、反垄断法的刑事制裁冲突

各国（地区）反垄断法无不规定有各种制裁手段，但对于刑事制裁手段，世界各国（地区）的反垄断法的态度明显不同。

1. 刑事制裁是否被纳入反垄断法规定

首先，大多数国家的反垄断法都含有刑事制裁内容，尤以美国为甚。美国《谢尔曼法》中即规定了对私人的违反该法的第一节横向价格固定协议和市场分割协议的行为处以不超过 350 000 美元的罚金与最长三年的监禁，对公司处以不超过 1 千万美元或不超过两倍于其从限制竞争行为所得或受害者遭受的损失的罚金。加拿大、日本、爱尔兰、韩国、挪

---

① Kmeck, in；Uaases (Hreg), Handbuch des EO-Wirtschaftsrechts, Rdnr, 463. 转引自王晓晔：《欧共体竞争法》，中国法制出版社 2001 年版，第 484 页。

威等国家也都将刑事处罚内容写入了反垄断法。[1]但也有少数国家的反垄断法不承认刑事制裁，如《德国反限制竞争法》。在《德国反限制竞争法》中没有规定专门的反垄断犯罪行为，因此也就谈不上刑事制裁。但是，反垄断违法行为有可能构成《德国刑法典》中规定的一些犯罪，从而根据《德国刑法典》的规定受到刑事制裁。我们必须注意的是，刑法与反垄断法分属不同的法律部门，虽然最后的结果同为接受刑罚处罚，但法律依据不同、侵害的客体不同，故而定性也就不同、《德国刑法典》中的有关规定不能划归反垄断法的刑事制裁范围。此外，丹麦、比利时等国的反垄断立法都没有规定刑事制裁。

2. 刑事制裁适用范围不同

各国反垄断法的规制对象大致可以划分为行为和状态两种。在这当中，单纯的垄断状态并不构成犯罪，因此不受刑事制裁；对于垄断行为，也并非全都被纳入了刑事制裁的范围，只有一些最为核心的、危害最烈的行为才受刑事处罚。但各国纳入刑事制裁范围的行为并不尽相同。比如,《日本禁止垄断法》规定了三种核心的禁止行为，即私人垄断、不当限制交易和不公正的交易方法。在这三种禁止行为中，能够构成犯罪的只有私人垄断和不当限制交易行为。不公正交易方法本身不构成犯罪，不能直接处罚。但在美国，不正当交易方法则可能带来刑事处罚。

3. “先行政处罚后刑事制裁”的原则

这是我国台湾地区的所谓“公平交易法”实行的原则。“先行政处罚后刑事制裁”的原则，又可称为“先行政后司法”原则，还被称为“先规制后制裁”原则。它的意思是指，对于垄断与限制竞争行为首先由行政主管机关即公平交易委员会依法命令违法者限期停止、改正其行为或采取必要更正措施。若违法者遵命执行，则不给予刑事制裁；若“逾期未停止、改正其行为或采取必要更正措施，或停止后再为相同或类似违法行为”，则由法院判决给予刑事制裁。

但在，各国（地区）在对反垄断法刑事制裁立法上采取不同态度的同时，其在实施中却采取了相同的谨慎态度，使得反垄断法刑事制裁的实施效果体现出一定程度的趋同。美、日两国反垄断法的严厉刑事制裁

---

① 王中美:《竞争规则的国际协调与统一》, 厦门大学博士学位论文 2004 年，第 125 页。

规定的实施效果是说明这一趋同的典型实例。美国的反垄断立法虽然规定了较重的刑事制裁，但是，在实践中对违反反垄断法行为追究刑事责任是慎重的，而且对犯罪行为的惩罚也偏轻，尤其在判处监禁方面。在反垄断法实践中，美国司法部反垄断局早在1977年即明确了一项反垄断法刑事制裁政策，即在其履行刑事案件起诉义务时，仅要求法院判处犯罪嫌疑人18个月有期徒刑，而这要比《谢尔曼法》的法定最长刑期短一半。并且，约定俗成的是，接受处罚的罪犯最多服刑半年就可以被假释。在日本存在与美国类似的情况。即使是在20世纪末期，日本强化了反垄断制定法对于刑事制裁的规定的情况下，实际出现的刑事制裁案件也非常罕有。

慎用刑事制裁的趋势是与反垄断法本身的特性分不开的。

首先，反垄断法具有显著的不确定性。反垄断立法的规定并不像刑事法规那样具有明显的结构性特征，尤其是在适用范围上，具有相当的灵活性。因此，导致了反垄断法拟制裁的刑事被告认为被科处刑罚是对不符合法无明文规定不为罪原则的违反。而为了在反垄断法刑事制裁中严格的执行法无明文规定不为罪原则，往往就只能对反垄断法刑事制裁尽量慎用，只对最严重的垄断违法行为科处刑罚。另外，从反垄断法鼓励创新和重视经济效率保护的角度考虑，慎用刑罚也能发挥保护人的积极精神的作用。

其次，反垄断法领域的违法行为的隐蔽性会减损刑事处罚的威慑力。支持刑事处罚的主要理由是刑事处罚会造成受罚人社会评价的降低，“看到一个商业经理人被判处监禁时所受到的奇耻大辱，更不用说因为判刑可能导致的现在和未来的收入损失，对反垄断违法行为施以刑事处罚的支持者就推测，这样一种刑罚的结果一定是巨大的威慑作用”。其实，这种判断在反垄断法领域未必适用。因为，一个理性的个人在决定要不要从事犯罪行为时，影响他的是惩罚的概率和惩罚的轻重。如果这种概率很小，那么即使处罚严厉，威慑作用也会非常有限。反垄断法领域的违法行为比其他领域的违法行为具有更高的隐蔽性，公共实施机构获得违法行为的证据十分不容易，因此，在反垄断法领域施行刑事处罚的概率很小，其实际的威慑效果并没有人们想象的那样好。这样一来，在反垄断法上与其将制造威慑效应的希望放在刑事制裁上，还不如将希望放在民事和行政制裁上。这也是造成反垄断法慎用刑事制裁的直接动因。

二、反垄断法的行政制裁冲突

反垄断法上的行政制裁在反垄断法实施中占有十分重要的地位。反垄断法上的行政制裁是由多种具体的制裁手段组成的一个体系，该体系包罗颇为广泛，诸如行政劝诫、行政罚款、没收违法所得、禁止从事特定的行为以及拆分企业等都是其中之要者。不过，在这诸多手段中，最值得重视的还是拆分企业和行政罚款两种，因为前者是反垄断法所独有的制裁手段，后者是各国（地区）反垄断法运用得最普遍、最有利于形成有效威慑的手段。因此下文主要对拆分企业和行政罚款这两种行政制裁手段给予集中论述。

（一）拆分企业制裁

拆分企业指的是对于取得了垄断地位的企业，当其存在可能对市场竞争环境带来负面影响大于其创造的效益时，反垄断法实施机构为优化市场竞争环境而采取的一种制裁手段。具体而言，这种拆分涉及企业组织分立和企业出让一定营业资产两种方式。虽然公司法当中对公司的新设分立与派生分立早已有具体的规定，但是，将拆分企业作为一种制裁违法企业的常规手段，是反垄断法的独特做法。

我国《反垄断法》当中并没有拆分企业的规定，但拆分企业制裁在国外反垄断法中并不罕见。对于企业拆分的表述，美国偏好“divestiture（剥离）”词汇；日本则在《禁止垄断法》中使用了“对垄断状态的措施”和“转让部分营业”两个关联意义的表达；韩国《限扶垄断和公平交易法》使用的用语是“让渡部分业务”；德国《反对限制竞争法》使用的用语是“解散会并”。尽管用词不尽一致，但表达的意思非常接近。具体而言，企业拆分被用于：消除垄断结构；消除企业滥用垄断力的基础；消除违规并购的结果等三种适用情形。企业拆分的主要作用在于恢复失衡的市场竞争秩序和竞争状态。另外，拆分企业这种制裁手段虽然主要被各国的反垄断法专门主管机关适用，但也不排除其被普通法院适用的情况，比如美国。但即使是在美国，拆分企业制裁手段被法院适用的时候，也是属于行政制裁，[①]而不是司法判决。此外，企业拆分还具有以下特点：

① 在美国行政法上，也存在由法院作出行政处罚的做法。例如，法院也可以作出罚款的决定，这种罚款与作为刑事制裁的罚金不同，它属于行政制裁。

虽然存在相似的立法规定，但在不同的反垄断传统和经济形势下，各国企业拆分制裁发挥的实际作用大不相同。

在美国，各种反垄断法都没有明确规定拆分企业这种制裁手段，拆分企业是法院在审理反垄断案件时使用的一种衡平救济手段。2000 年 7 月，美国哥伦比亚联邦地区法院就美国司法部代表美国诉微软公司一案作出要将微软公司一分为二的最终判决，这一处理方案就是反垄断法上拆分企业制裁手段的典型运用。①在美国反垄断法历史上，法院经过审判，以判决形式或双方调解形式采取拆分企业这种制裁手段的案例并不少见，以下是几个典型案件的简明清单：

（1）洛克菲勒标准石油托拉斯案。该案是第一个适用分拆大企业制裁手段的反垄断案件。1911 年，对约翰 · D. 洛克菲勒的标准石油托拉斯提起的诉讼中，最终判决直接解散了这个拥有许多营业公司的控股公司。

（2）美国烟草案。该案的判决也是 1911 年作出的。通过法院判决，一个控制着大部分烟草制品行业的公司被分拆成 3 个公司，其中最大的一家仍占有香烟市场份额的 37%。

（3）杜邦炸药垄断案。1912 年，法院的剥离判决成功地把该公司的市场份额从 64% ~ 72%减少到 32%左右。

（4）国际收割机案。1918 年，法院判决要求一个实际上垄断了农业机械制造的企业剥离一部分资产。然而在剥离之后，国际收割机仍占有大约 2/3 的市场。但政府向法院提出的重新审理、继续剥离主张被法院拒绝。

（5）伊斯门 · 柯达公司案。1920 年，法院判决一家照片服务垄断企业剥离其分店。

（6）美国铝业公司垄断铝业案。该案于 1937 年立案后，直到 1950 年，地区法院最终判决剥离美国铝业公司在加拿大的联营公司——铝业有限公司。

（7）格里内尔垄断中央防护业务案。格里内尔公司于 1950 年收购了霍姆斯电子防护公司，1953 年收购了美国长途电话公司（ADT）的大部分股票，ADT 成为其垄断的主要来源。这些下属公司跟格里内尔公司对自动火警公司的投资一起，于 1968 年被剥离出去。此外，ADT 还被迫剥

① 尽管上诉法院最终没有支持拆分制裁，但是，地区法院的判决至少引起了人们对于反垄断法拆分企业这种制裁手段的极大关注。

离了 27 个城市的服务合同与设备。

（8）IBM 案。在一个于 1956 年作出和解判决的案件中，IBM 被判与它拥有的超过国家总生产能力 50%的制表卡（tabulating-card）生产能力相剥离。

（9）联合水果公司案。联合水果公司在香蕉的生产和出口中占有垄断地位。1958 年作出的一个协议判决要求该公司剥离其 35%的生产能力。

（10）MCA 公司案。MCA 作为一家影视剧和其他娱乐服务的生产者，因被指控从事垄断违法行为，而于 1962 年被判令分解它的艺人经纪业务。

（11）美国电报电话公司（AT＆T）案。联邦地震法院认定美国申报电话公司（AT＆T）垄断电话业务违反了《谢尔曼法》第 2 条，该公司于 1984 年被分拆为 4 家公司。[①]

从上述简单的案例列表中，我们不难发现，企业剥离在美国被适用于包括生产制造、私人服务、商品进出口等各种行业，并且表现为企业拆分、资产剥离等各种形式，遭受剥离的企业不乏声名显赫的世界级巨头。企业拆分制裁在美国的实践内容可谓这项制裁手段活的百科全书。然而，其在其他国家和地区的实践就远没有这么丰富了。比如，日本《禁止垄断法》第 8 条第 4 款规定的拆分企业措施甚至还没有一件实施例案。[②]而且，即使在美国，根据美国著名法学家波斯纳的统计，自从 1890 年以来。较有实质意义的适用拆分企业这种制裁手段的案件总共有 81 个，涉及全国性市场的案件也有 23 个；这当中，有 17 个属于早期的反垄断执法，从 1940 年以来的 60 年里，只有 6 个。在国际竞争日益激烈的时代，美国在适用拆分企业这种制裁手段时也要比以前慎重得多了。

其次，在不同的适用情形下，企业拆分的重要性天渊有别，存在不同的立法发展趋势。

1. 消除垄断结构与拆分企业制裁

在美、日等国家，垄断结构被视为反垄断法规制的对象。在其反垄断法制度中，只要存在垄断状态，即使没有滥用垄断力，也构成违法，应受到反垄断法的制裁。所谓垄断状态，是指一个企业或企业的联合作

① [美]理查德·A. 波斯纳：《反托拉斯法》（第 2 版），孙秋宁译，中国政法大学出版社 2003 年版，第 128 页。

② [日]植草益：《产业组织论》，卢东斌译，中国人民大学出版社 1998 年版，第 150 页。

为某种特定商品或服务的供应者或购买者，在相关市场上没有竞争者或设存实质上的竞争。[①]

美国反垄断法的结构规制曾经非常严格。从罗斯福新政时代开始，美国一方面通过制定《塞勒—凯弗维尔法》《集中行业法》和《行业调整法》进一步明确了实行结构规制的法源；另一方面，美国法院的实践也强调即使没有其他违法行为，纯粹的垄断结构也被认为违法。但是随着里根总统带来的芝加哥学派占据主流反垄断机构，惩治垄断结构的做法日益减少。

在强调大企业能力的日本，其最初效法美国反垄断法颁布的《禁止垄断法》，存在过“不当事业能力差距制度”。但是，这一制度在日本 1949 年和 1953 年的两次法律修订时被删除了。1977 年虽然又增设了垄断结构规制制度，但其实际应用十分有限。此外，在曾经的“不当事业能力差距制度”和现行法律规定中，日本对于拆分企业制裁的规定体现为相对温和的“转让部分营业”的方式，而不是直接拆分企业。

从美、日等国关于结构规制的立法和实践，我们可以总结出对单纯的垄断状态适用拆分企业这种制裁手段的条件，简单地说就是：垄断状态的存在。但具体适用时，要考虑到下列三个方面的因素：拆分的必要，拆分的效率以及财务、人员、设施、技术等个案因素。应该说，在对垄断状态的规制中，主要的规制方法就是拆分企业，但是由于世界各国对于结构规制抱有十分谨慎的态度，对于拆分必要性通常做严格的解释，“使这方面的法律规范名存实亡”[②]。

2. 消除企业滥用垄断力的基础与拆分企业制裁

垄断力滥用是指具有市场支配地位的企业凭借其市场支配地位所实施的限制竞争、违背公共利益的行为，包括暴利价格、搭售、限定转售价格等行为。垄断力滥用行为在法律构成上包括状态、行为、后果三个要件。在这三个要件中，“状态要件是最重要的要件”。[③]因此，在对付垄断力滥用方面，采用拆分企业的方法，消除垄断状态，可以起到釜底抽

① 陈爱斌：《结构与行为——论反垄断法的规制对象》，载漆多俊：《经济法论丛（第四卷）》，中国方正出版社 1999 年版，第 446 页。

② 陈爱斌：《结构与行为——论反垄断法的规制对象》，载漆多俊：《经济法论丛》（第 1 卷），中国方正出版社 1999 年版，第 4 页。

③ 同上，第 468 页。

薪的效果。所以，拆分企业这种制裁手段在制止垄断力的滥用方面也受到许多国家反垄断法的青睐。

从各国的立法和实践来看，为规制垄断力的滥用而适用拆分企业的制裁手段需要符合下列要件：拆分的必要、拆分的效率以及存在滥用市场支配地位的行为。其中，存在滥用市场支配地位的行为是考虑拆分制裁的前提，拆分制裁是否必要，以及拆分是否会带来大于损害的收益，都是以这一前提为基础进行考虑的。由于滥用市场支配地位的行为可以选择的制裁手段较多，这明显区别于对垄断状态的规制。因此，损害赔偿、单纯地命令违法行为人停止某种违法行为、行政罚款、刑事罚金以及监禁等制裁手段中的一种或几种要比拆分企业制裁常见得多。使用这些相对对企业损害较小的制裁手段来对付滥用市场支配地位行为是各国通常采用的方法。相反，各国反垄断法为规制垄断力滥用行为而适用拆分企业的制裁手段也是比较罕见的。

3. 消除违规并购结果与拆分企业制裁

为消除违规的企业合并结果而适用拆分企业制裁手段的，应满足以下适用要件：存在违反反垄断法的合并行为；拆分是消除该合并消极影响的必要手段。

总的来说，拆分企业这种制裁手段被用来消除违规的企业合并所引起的对竞争的限制，最为适宜。一方面它能消除违法行为的不利后果，另一方面它对企业的损失是最低的，因为企业刚刚合并，合并前的各个企业在合并后的框架内还没有完全融合，这时，将企业拆分，令其恢复到合并前的状态，对于企业而言，既易于接受，也易于操作，对企业造成的负面影响最小。

从实践来看，将拆分企业用于对付违规的企业合并最为常见。根据波斯纳的统计，在美国，从 1890 年以来，适用拆分企业这种制裁手段的全国性案件共有 23 件，1890—1939 年之间，有 17 件，而 1940 年以来，总共只有 6 件。波斯纳认为，拆分企业的案例在早期比较频繁的原因在于那一时期兼并垄断案件数量比较多。在这 23 个案件中，有 16 个包含有兼并的因素，只有 7 个涉及全国性市场的纯粹排他行为案件以实质性剥离告终，只占政府获得胜诉的这类案件的 8%。这些数字表明了拆分制裁在消除违规并购的案件中被作为一种常用的手段。这与拆分制裁在其他两类案件中的适用情况区别显著。从另一个角度看，三种可适用案件中所同时具有的“拆分必要性”适用条件应做不同的理解：在前两类案件中，在存在民事赔偿或行政禁令、罚款等制裁措施可供选择的情况下，拆分制裁被认为不必要；相反，在消除违规并购结果案中，拆分制裁通常被认为必要，而前述的其他制裁手段被认为是不足够的。①

对于反垄断法规定拆分企业的制裁手段，一直存在不同的评价声音。以美国为首的支持派认为，反垄断法与市场结构之间具有十分紧密的联系。很多的违反反垄断法的行为都是因为存在垄断的市场结构而引起的，要制止反垄断法违法行为，必要时应该针对垄断结构采取行动②；作为消除违规合并的消极后果而言，拆分企业使市场构造恢复到企业合并前的状况，更是一种具有高度针对性的手段。从威慑的角度来看，拆分企业也具有独特的效果，人们并不期待直接来执行它，而是希望企业方面能够按照法律的规定，力求做到回避直接执行它，也就是说，期望它“有如传家宝刀一样有效地规制弊端”。③以日本为首的反对派则认为：（1）企业的庞大往往是市场自由竞争的结果，庞大的企业是竞争的优胜者，仅以其庞大为由而进行分割，违反了自由主义经济的基本精神；（2）拆分企业具有很大的执行难度，包括需要投入大量的人力，花费很长的时间，④甚至有的案件审决周期太长，以至于市场结构在审批期间已经发生天翻地覆的变化，根本就不适合再适用拆分企业的制裁手段；（3）拆分企业对于企业的影响太大，虽然有助于形成必要的威慑力，但是也容易造成企业效益和社会效益的损失。⑤更广泛的改革派则认为，拆分企业是最为有效的制裁手段之一，对于反垄断法而言，必不可少。讨论的焦点不是要不要规定拆分企业这种制裁手段的问题，而应在于如何进行妥当

---

① [美]理查德·A. 波斯纳：《反托拉斯法》（第 2 版），孙秋宁译，中国政法大学出版社 2003 年版，第 124 页。

② 虽然行为论的倡导者芝加哥学派是对结构论哈佛学派的超越，但从晚近的情形看，后芝加哥学派对芝加哥学派的批判似乎造成了一定程度上的结构主义的回归。

③ 金泽良雄：《经济法概论》，满达人译，甘肃人民出版社 1985 年版，第 229 页。

④ [美]理查德·A. 波斯纳：《反托拉斯法》（第 2 版），孙秋宁译，中国政法大学出版社 2003 年版，第 129 页。

⑤ [美]E. 吉尔霍恩、W. E. 科瓦西克：《反垄断法律与经济》（第 4 版、影印本），王晓晔译，中国人民大学出版社、West Group 2001 年版，第 468 页。

的制度设计改革以更好地发挥其功能的问题。[①]由于长期以来各国对拆分企业制裁手段的存废与适用看法上存在较大的差异，这一制裁手段在各国的立法和适用情况差异较大，不利于形成一个有利于国际争端获得同一评价的同质反垄断法实施环境。

（二）行政罚款

行政罚款是世界各国最广为适用的反垄断法制裁手段之一。甚至有观点认为反垄断法是一部“罚款中心主义”的法。[②]由于罚款既不像刑事制裁那样面临伦理评价问题，也不像拆分企业那样需要考虑对企业的损害所造成的连锁社会反应，罚款在各国反垄断法的实施过程中被越来越多的国家使用，且越来越多的国家使用越来越高的罚款金额。比如，在1969年的奎宁卡特尔案和染料卡特尔案中，欧盟分别对6家公司和8家公司处以了1～21万会计单位（欧洲货币单位的前身）的罚款。[③]但在，2010年12月，欧盟竞争委员会仅对韩国和中国台湾地区的液晶面板厂商非法价格操纵的处罚，就实施了6.49亿欧元罚款。[④]

对于反垄断法行政罚款问题，有以下两点应当引起注意：

首先，虽然法定的数额越来越高，但是有关企业可以依据有关的反垄断法规定获得罚款的减免。比如，对于主动报告违法行为的违法行为参与方，反垄断法设置了一个类似于刑法中“污点证人”的做法——宽大政策（leniency policy）。依据欧盟的宽大政策，卡特尔被欧盟委员会发现之前，企业已经就卡特尔的存在完整地报告给了委员会，且为这样做的第一个卡特尔组织成员（但不得是卡特尔的领导者或发起人），其就能免遭罚款。这一免除罚款的做法对卡特尔的打击和规制有非常重要的意义，体现了反垄断法实施对于反垄断法实效的重要意义。另外，主动提交证据、财政困境等情节也可以减轻罚款，但不能免除。

其次，对中小企业的罚款适用相对较低的标准。比如，日本《禁止

---

① [美]理查德·A. 波斯纳：《反托拉斯法》（第2版），孙秋宁译，中国政法大学出版社2003年版，第121页。

② 李国海：《反垄断法实施机制研究》，中国方正出版社2006年版，第193页。

③ Jean-YvesArt, “Development in EC Competition Law in 1998: An Overview”, *Common Market Law Review* , 1999 (36), p. 971.

④《LG奇美等公司涉嫌价格操纵被欧盟罚6.49亿欧元》，商务部网站http://finance.qq.com/a/20101209/001452.htm?pgv_ref=aio.

垄断法》就对中小企业的罚款比例有特殊规定，即适用正常罚款比例的50%。

总的来说，行政罚款的目的除了震慑和惩罚以外，最终必须归结于反垄断法的目标追求。提高社会整体福利、保护中小企业、维护正常竞争秩序的反垄断法追求是塑造行政罚款制度的深层力量。

三、反垄断法的损害赔偿冲突

反垄断损害赔偿[①]与前文述及的行使制裁和行政制裁具有显著的差异。这主要体现在其功能的补偿性和补充性上。首先，损害赔偿诉讼中赔付的赔偿金属于权益受到侵害的私人而不是国家，赔偿的意义除了惩戒违法者，还在于补偿因违法行为而受到损失的私人利益；其次，反垄断法的最主要实施主体是公权力机关，而不是代表私权利的私人，但损害赔偿制度的存在使私人客观上拥有了对抗反垄断行为的机会和动力，从而实现了对公权力的补充。因此，反垄断法的损害赔偿制度是反垄断法律制裁的最重要手段之一。对于这一制裁手段，各国有不同的理解，集中体现在惩罚性与补偿性的定位侧重差异上。

（一）反垄断法损害赔偿额度冲突

关于反垄断法损害额度的设定，综观世界各地的反垄断相关规定，主要有两种做法：

1. 惩罚性规定

美国反垄断法规定的绝对三倍损害赔偿制度堪称对反垄断损害赔偿制度的独到创新。《谢尔曼法》第 7 条规定："任何因反托拉斯法所禁止的事项而遭受财产或营业损害的人，可在被告居住的、被发现或有代理机构的区向美国区法院提起诉讼，不论损害大小，一律给予其损害额的三倍赔偿及诉讼费和合理的律师费。"在后来制定的《克莱顿法》中，三倍损害赔偿制度被进一步细化：该法增加了关于州司法长代为提起损害赔偿诉讼以及反垄断法损害赔偿的诉讼时效等内容。

效法美国的绝对三倍赔偿制度，我国台湾地区建立了酌定三倍损害

---

① 关于反垄断法损害赔偿与一般民事损害赔偿的关系问题，有学者认为，两者是竞合关系。参见[日]中村成和:《禁止垄断法（新版）》，有斐阁 1978 年版，第 227 页。

赔偿制度，即在最高三倍的范围内，由法官酌情决定损害额的具体数额。据有的学者理解，这样规定的原因在于：法律既已规定损害赔偿为无过失损害赔偿制度，则以是否具有故意而酌定加重赔偿之倍数。[①]

2. 补偿性规定

世界上多数国家的反垄断法在损害赔偿额度方面选择了补偿实际损害赔偿。日本、韩国、俄罗斯、德国、法国等国的反垄断法损害赔偿的规定代表了广泛的赔偿额度认知接受水平。

我们注意到，反垄断法损害赔偿标准的冲突主要体现在美国与其他国家之间。事实上，美国力排众议的三倍损害赔偿的制裁方法已经导致美国与其他国家之间出现紧张关系。[②]若干国家提出的观点是，不该让其本国企业受到美国法院的三倍损害赔偿处罚，特别是在涉案行为并未违反其本国反垄断法的情形下。但即使存在上述抗议，美国方面依然认为三倍损害赔偿在应对国内和国外限制竞争行为方面不失为一种切实有效的手段，并因此强调无意放弃三倍损害赔偿救济措施。国际竞争政策咨询委员会（International Competition Policy Advisory Committee，ICPAC）在对美国上述措施的解释中认为，美国反垄断法并不区分美国和外国被诉企业。此外，虽然消除三倍损害赔偿救济措施有利于减少与其他国家的法律之间的冲突，但这样做还会鼓励其他国家一贯坚持反对美国反垄断法域外适用的立场。ICPAC 认为，这样一来，外国被诉企业就会受到优于本国企业的待遇，从而引发被诉行为损害进口贸易抑或损害出口贸易的问题。在 ICPAC 看来，从过去的判例判断，很难区分上述两种情形。多数判例中既有损害进口贸易的抗辩理由，也有损害出口贸易的抗辩理由。因此，ICPAC 得出的结论是，虽然增加与外国执法机构和企业的合作存在潜在益处，但仍然不足以改变现有三倍损害赔偿措施。

尽管 ICPAC 的陈述被认为是客观的，但是通过私人诉讼解决由境外限制竞争行为导致的市场准入问题仍然存在许多问题。比如，尽管美国的反垄断机构已经开始在反垄断法的域外适用方面考虑国际礼让原则，但私人却不会这么做。此外，三倍损害赔偿的诉讼号称以反垄断政策的

---

① 刘绍樑:《从意识形态及执行任务看公平交易法》,载《政大法学评论》,第 44 期。

② J. Griffin, “Extraterritorial Application of US Antitrust Law Clarified by United StatesSupreme Court”, *Federal Bar News and Journal*, 1993 (40) , p. 564.

公共利益为目标，但实际上代表的更多是个人利益的驱动。私人诉讼方在提起诉讼时通常不会将权衡一系列公共利益目标作为必备的工作。可以想象，私人诉讼中可能出现故意扩大本国与其他国家反垄断政策差异的现象，其目的是获得有利的法院裁决。为此，取消三倍损害赔偿至少有利于减少法律域外适用冲突。

（二）反垄断法损害赔偿构成要件冲突

反垄断法上的损害赔偿的原理类似于民事侵权制度。比如，美国反垄断法认为，要构成反垄断法上的三倍损害赔偿，一般要符合下列要件：（1）原告必须是《克莱顿法》第1条所定义的“人”；（2）必须已出现违反“反托拉斯法”的事实；（3）原告的企业或财产必须已受到直接损害；（4）违法与损害事实之间必须有直接的因果关系，即原告所受的损害是由于反托拉斯法所禁止的原因；（5）原告所受损害必须事实上可用金钱来衡量。其中，（1）到（4）要件类似于民事侵权行为的四大要件。因此，在此比照民事侵权行为的四大要件对反垄断法损害赔偿的构成要件加以分析。

1. 主体要件

就反垄断法损害赔偿的请求权人的范围而言，将与违法行为者存在竞争关系的市场主体定位为垄断法损害赔偿的请求权人是各国基本认可的。但对于间接受到垄断违法行为损害的消费者是否也有权提起损害赔偿诉讼的问题，各国的做法不一。

一方面，日本学者认为，消费者有权提出反垄断损害赔偿诉讼。在1977年的“鹤冈灯油诉讼案”（以下简称“灯油案”）中，东京高等法院认为：消费者是《禁止垄断法》第25条规定的损害赔偿请求权行使主体。法院在判决中指出，由于违法垄断行为的实施，导致有关商品价格上升，消费者不得不在购买有这类商品时支付畸高的对价，所以，对于购买了这些商品的消费者来说，其利益损害与违法垄断行为之间存在因果关系。因此，这些受到损害的消费者应当被纳入《禁止垄断法》第25条的考虑范围内。

另一方面，欧美国家执着于“转嫁抗辩的问题”。所谓“转嫁抗辩”，简单的说，就是受到垄断违法行为损害的企业或其他主体，在凭借后续的销售环节将其所受到的损害转移给后续的经销人或者最终消费者的情况下，其实际上并没有遭受什么损害，或者其所受的损害被显著地降低了，故而这些转嫁损害的主体也就不应该基于并不严重的损害情况获得巨额的赔偿。对于是否接受“转嫁抗辩”，2005 年欧共体委员会公布的《因违反欧共体反托拉斯规则的损害赔偿绿皮书》提出了四种可供选择的方案：

（1）只允许直接购买者提起损害赔偿诉讼并禁止转嫁抗辩；

（2）直接购买者和间接购买者都可以提起损害赔偿诉讼，并允许转嫁抗辩；

（3）直接购买者和间接购买者都可以提起损害赔偿诉讼，但不允许转嫁抗辩；

（4）诉讼程序分成两部分，首先对被告高价出售提出诉讼，不考虑转嫁的问题，在认定责任和整个的高价之后，在所有的当事方之间分配损害赔偿，在分配时考虑到高价是否被转嫁。

从设立反垄断法私人实施的目标如威慑违法者、激励和救济受害者来分析，以上这些方案都有缺陷。选择哪一种方案更为可行主要是看追求的公共政策目标是侧重于哪一方面。因此，在更加强调反垄断法损害赔偿的惩罚性的欧美国家，一般采取拒绝转嫁抗辩的做法，以达到便利反垄断损害赔偿诉讼和利于损害赔偿制度落实的效果。美国法院的有关实践，将“转嫁抗辩”和“直接购买者原则（direct purchaser rule）”作为一对相互关联的概念。在伊利诺斯砖（Illinois Brick）案[①]件和汉诺威鞋（Hanover Shoe）案[②]中，上述“转嫁抗辩”被最高法院驳回。法院认为，垄断违法行为造成的价格畸高本身就是三倍赔偿之诉中的“损害”，至于支付相应对价的购买方的利润或损失则不在考虑范围之内。此外，法院还认为，虽然直接受损方确实可能将其遭受的损失转嫁给最终消费者，但最终消费者是一个数额庞大的群体，故而单个消费者受到的损失非常有限，事实上也不可能就其损失形成许多单个的案件，从利于三倍赔偿制度落实的角度看，也不应准许“转嫁抗辩”。与“转嫁抗辩”态度相对应，美国法院同时坚持“直接购买者原则”的态度：作为间接购买者的消费者不能就其因受转嫁遭受的损害请求三倍赔偿。依照美国法院的看法，其对于“转嫁抗辩”和“直接购买者原则”的态度是在两个可供选择的赔偿方式（或者从另一个角度看，是制裁方式）当中选择了一

---

① Illinois Brick Co. v. Illinois, 431 U.S.270 (1977) .

② Hanover Shoe Inc. v. United Shoe Machinery Corp., 392 U.S. 481 (1968) .

种更加务实的做法，因为垄断违法行为造成的损失只应该承担一次损害赔偿责任，而由最终消费者来控诉垄断违法者则既缺乏足够的动力又显得实力悬殊；另外，要确切得出所有的销售中间环节以及消费者分别承担了多大的垄断致害损失基本不可能，故而将损害赔偿在直接和间接受害人之间划分比例的做法也不现实。

对于反垄断法损害赔偿请求主体的不同看法，实际上体现了不通国家对与反垄断损害赔偿制度的惩罚性和赔偿性的不同侧重。

2. 行为要件

概括的说，违反反垄断法的行为都可能引发反垄断损害赔偿诉讼。不管是基于惩罚性的思想还是补偿性的思想，各国立法对于具体哪些垄断违法行为才能提起损害赔偿主张并没有特别严格的规定。补偿性的强调者认为，严格界定特定几种垄断违法行为才能提起反垄断损害赔偿诉讼是不利于保护受害人的做法，也是一种不公平的做法。惩罚性的支持者认为，随着经济的发展，垄断违法行为增加，私人反垄断认知意识加强，各国应当对损害赔偿诉讼的发生予以激励，以促进反垄断法的有效实施，对垄断违法行为予以严惩。比如，美国采用"诺厄-佩宁顿豁免原则"（Noerr-Pennington immunity），用来专门处理反垄断原告的豁免权。[①]

3. 损害事实

哪些损害可以被纳入反垄断法损害赔偿的范围呢?各国对这个问题的解答也不太一致。

按照美国法的规定，因反垄断违法行为造成的直接损害才能够纳入到损害赔偿的计算范围当中。而且，这种损害必须是一种"财产或营业损害"，而不是其他的损害。例如，公司的股东不能因股权利益受害而直接以私人名义提起损害赔偿诉讼，因为直接受害的主体是公司，但其可以代表公司进行诉讼。又如，雇工因丧失工作机会而遭受的损害也不属于损害赔偿诉讼所指向的损害，因为这种损害并不直接表现为"财产或营业损害"。同样的道理，被许可人、被特许权人以及承租人因垄断违法行为遭受损害因而导致其许可人、特许人或出租人收益降低的事实也不能使这些许可人、特许人或出租人成为提起损害赔偿之诉的适格主体。

① 马克·A. 莱姆利：《标准制定机构知识产权规则的反垄断分析》，金朝武译，载北大法律信息网，http://article.chinalawinfo.com/article_print.asp?articleid=25076.

日本的规定则要宽松得多。在东京高等法院审理的“灯油案”就是一个典型的体现。日本法院认为，间接损害而不是直接损害，并不构成适用日本《禁止垄断法》第25条规定的主体障碍。

美国较为严格的做法不失为一种防止追求“三倍赔偿”而设置的防滥诉屏障。而日本相对宽松的规定也比较符合为受损害主体弥补损失的立法初衷。因此，就两个截然不同的做法很难说孰优孰劣，应该认为其均为一种配合本国损害赔偿制度基本思想的规定，体现了不同制度构想带来的差异性。

4. 过错

是否具有过错不是反垄断法损害赔偿的关注焦点。一般情况下，无论具有过错与否，只要符合其他违法要件，都被视为构成可以主张反垄断法损害赔偿的行为。

第四章　反垄断法国际协作的努力与成果

早在20世纪中叶，反垄断法的国际协调就已经开始。到20世纪90年代，随着经济全球化的发展，尤其是WTO国际影响力的扩大，反垄断法的国际协调成为一个日益升温的问题。一方面，在国际贸易完善的同时，跨国垄断经济成为主权国家增强自身经济竞争力的有力手段；另一方面，跨国垄断又是主权国家力图约束的外来经济冲击。有鉴于此，主权国家在深感自身力量对于跨国垄断制约作用有限的同时，却无法实现反垄断法的国际统一，创建反垄断法多边协作机制的实践举步维艰。

追溯产生这种现状的根源，一是由于到目前为止各国的反垄断法实体内容与实施机制相差甚远，更有一些发展中国家至今还没有反垄断法以及相应的竞争管理机构；二是由于反垄断法实际上是运用国家权力对经济生活中被扭曲的竞争进行的一种干预性的矫正，反垄断法的公法特征令反垄断法国际协作关乎国家经济主权问题，不易达成妥协和一致；三是因为反垄断法的法价值理论是一个充满争议的课题，在反垄断法的立法与实施中如何制定有关规则和制度是有益于促进全球福利的，公权力应当采用何种干预竞争的方式方法才不会扭曲正常的市场经济活动，见仁见智，无人能下定论。在反垄断法的发展历程中充满了反复与变化，这就使国际协作问题即使撇开国家利益问题不谈，其价值冲突层面的问题也很难协调。本章将重新检视在国际各个层面已经做出或正在做出的竞争规则协调努力及其成果，并以此为基础寻找突破之道。

第一节　反垄断法的双边协作

当前国际环境下，越来越多的国家为了建立及维护在反垄断法实施执行过程中的协作关系，采取双边合作协定的方法来实现国际协作。这些双边协定的主要关注焦点在于国际反垄断案件的域外取证和信息交换；同时也是获得长期有效的国际礼让的一种方式。相对于单边主义做法，双边协商是形成国际协作的质的飞跃。当前反垄断领域的双边合作协定可按主要内容划分为以下两种类型：

一、专门处理反垄断法实施协作问题的双边协定

专门处理反垄断法实施中的合作问题的双边协定被越来越多的国家所采用，其中包括一些发展中国家，比如我国就于 1996 年和 1999 年分别与俄罗斯和哈萨克斯坦签订《在反不正当竞争和反垄断领域开展合作的协定》。[①]。这类协定的典型条款包括：（1）通知与协商的常态化和制度化；（2）相互对应的积极礼让和消极礼让；（3）技术合作；（4）管辖权问题。

在最初的反垄断双边协定中，通知和协商问题以及跨国调查取证的问题是主要的关注内容。其作用在于直接缓和域外管辖权与反域外管辖权立法之间的矛盾。比如，美国和民主德国于 1976 年签订的反垄断双边合作协定就是为了缓和美国的域外管辖权适用与德国阻挡法规中的信息披露禁令问题。

随着反垄断双边合作协定数目的增多、立法和实施经验的积累，以及有关理论的发展，各国逐渐开始关注更深入的双边协作问题，比如礼让原则和管辖权问题。从某种意义上说，这两者是一个问题的两面，但礼让原则还有着更广泛的内涵：承认他国反垄断法的法律效力；允许他国反垄断法实施机构在本国境内执法；请求他国对其境内具有涉外影响的垄断违法行为采取行动等内容都被视为是礼让原则的内涵。因此，礼让原则除了可以作为解决反垄断法管辖权冲突的一种手段，还可以解决平行程序问题。实践当中，以是否作为为标准，可以将礼让原则分为积极礼让和消极礼让。但无论是何种礼让形式，其作用的发挥都离不开请求和被请求双方的合作。

1991 年美欧之间达成的《美国政府与欧共体委员会关于实施各自竞争法的协定》及其实施是验证礼让原则的最佳案例。协定不但规定了消极礼让原则，还对礼让的考虑因素进行了规定：对于某个垄断行为的整体而言，其发生在其中一方境内的行为是否比发生在另一方境内的行为更重要；整个垄断行为对其中一方的利益影响是否比另一方更加重大和可预见；垄断行为是否存在影响执行国境内消费者、供应商或竞争者的

---

① 见中国外交部网站，http://www.fmprc.gov.cn/chn/wjb/ajg/dozys/gjIb/1716/ default.htm.

意图；一方执行反垄断法与另一方的法律或其他重要利益之间的冲突有多严重；以及另一方对于同一人执行行动将受到影响的程度，包括这些行动得出的判决或决定的措施。

WorldCom 公司与 MCI 公司的兼并案曾被欧委会评论为一次“最佳合作实践”的范例[①]。而在爱克森公司与美孚公司兼并案[②]、Alc 以公司收购 Reynolds Metals 公司案[③]以及 WorldCom 公司与 Sprint 公司的兼并案[④]中，美欧都作出了相同或相似的判定。但是，尽管在波音—麦道合并案中美国贸易委员会与欧委会按照合作协定在整个程序中就时间安排、市场界定、救济措施和对限制竞争影响的评价等问题上都通力合作，却并不影响双方得出截然不同的结论[⑤]。波麦合并案成为消极礼让原则的讽刺性注脚。而在实践当中，积极礼让情况也与消极礼让相似。积极礼让大都发生在请求国出于保护其出口贸易的需要或请求国意图减少境外执法行动的成本的情况下，而非单纯的出于“礼让”考虑。美国贸易委员会主席 Robert Pitofsky 指出：“积极礼让只是运用于特殊的案件中，以保护在国外从事商务活动的美国公司或在美国境内从事商务活动的外国公司的一个很小的有限的因素。它很难成为一种普遍的手段。”[⑥]欧委会竞争部长 Alexander Schaub 曾声称积极礼让原则的作用从一开始就被高估了。[⑦]“礼让”在足够重大的国家利益面前，其实只是一种委婉的代称。从礼让原则的角度看，反垄断法双边协定专注于程序性协作安排的做法在处理反垄断法的国际冲突时存在显著的局限性。但同样的美欧协定，其另一项内容的作用非常显著。该协定中的信息交流规定大大促进了美欧反垄断执法机构之间的信息交流，双方每年就各自管理的限制竞争案

① Justice Department Clears World Com/MCI Merger After MCI Agrees to Sell Its Internet Business, http: //www.usdoa.gov/opa/pr/1998/Ju1X/329at.html.

② Exxon/Mobil merger case, EC case No. IV/M.1383, http: //www.antitrustinstitute.orpJrecend28.cfm.

③ ALCOA/Reynolds Metals merger case, EC case No. COM/M.1693, http: //wvw.usdoj.t；ov/atr/public/press, releases/2000/4666.htm.

④ MCI WorldCom/Sprint merger case, EC case No. COM/M.1741, http: //www.usdoa.gov/atr/public/press releases/2000/5049.htm.

⑤ Commission of the European Communities, The Commission Clears the Merger between Boeing and McDonnell Douglas under Certain Conditions and Obligations, Rapid Press Release, July 30, 1997 available in LEXIS, Intlaw Library, E.C. News file, reported in [1997]O.J.L336/I6.

⑥ ICPAC Finaf Report, oara.2.036, n.87, at 235.

⑦ Ibid.

件进行相互通知的数目都有所增长。

另外，在礼让原则成为焦点的时候，反垄断法双边协定中的技术方内容也并未消失。20 世纪 90 年代以来，美国分别与巴西、加拿大、欧盟、以色列、日本、墨西哥等国家和地区签订了双边反垄断协议。这些协议大大促进了跨国调查及相关技术援助的双边合作，但仍然不允许访问对方的秘密信息。为解决秘密信息交换问题，催生了一种专门的反垄断法双边合作协定。比如，美国与一些国家签订了专门的关于反托拉斯法执行的相互协助协定。这类协定类似于司法协助协定，但其不但适用于司法程序当中，也适用于行政性调查等司法程序以外的反垄断法实施方式。1999 年《美国政府与澳大利亚政府反托拉斯执行相互协助协定》①是其中的典型代表。该协定对调查取证的范围做了以下限定：（1）两国的相互协作必须遵守互惠原则；（2）调查取证的目的必须是为了查处垄断违法行为；（3）虽然可以针对调查国认为合法的行为进行反垄断调查，但是调查不能违反保护私人合法权益的有关法律；（4）无论跨国调查的开展机构是缔约国的任何部门，请求协助的申请只能由具体的部门——美国司法部和澳大利亚竞争与消费者委员会审批，协助请求不能直接在相关操作部门之间直接进行；（5）缔约方必须对协助取得的秘密信息采取保密措施。

二、包含反垄断案件相互协作内容的其他双边协定

除了专门的反垄断法实施合作双边协定以外，在其他的双边协定中也可能包含有关反垄断法实施合作的内容。其中，最典型的就是现在广泛存在的双边司法协助协定。这些协定的内容并不特定适用于反垄断案件，但其中代为取证、提供有关文件、代为保全、承认与执行对方有效的裁判以及国际礼让的约定往往在反垄断法的跨国实施当中发挥重要的作用。

各个国家签订的司法协助协定的内容并不一致，有的仅有初步原则，有的则规定详细的协作程序和权限。但就反垄断案件实施中的合作而言，与前述专门性双边协定一样，其无法解决反垄断法管辖权冲突和平行程序的问题。相反，大多数司法协助协定并不承认存在管辖权疑问的外国裁判。所以，双边司法协作协定的最大意义同样是在技术层面，即为不

① Agreement between the Government of the United States of America and the Government of Australia on Mutual Antitrust Enforcement Assistance, available at http: //www.usdoj.gov.

存在管辖权争议的反垄断案件提供取证、保全以及承认和执行等程序上的支持。管辖权问题在双边司法协助协定上面的意义，从实践意义来讲，相当于这些协定内容能否适用的前提条件。另外，如前所述，反垄断法的实施机构包括司法机构和行政机构，还有大量的反垄断法实施是以行政机构为中心的，这就导致司法协助双边协定至少对于行政性的反垄断法实施行为给予国际协作上的帮助。此外，反垄断法对于垄断违法行为的刑事制裁规定现状也成为限制双边司法协助协定适用于反垄断案件的一个原因。显然，没有反垄断法刑事制裁规定的国家无需拟定存在这一内容的双边合作协定。但是，在对反垄断法刑事制裁问题认识相近的国家，小范围的、双边性的反垄断法刑事案件双边协作仍为可能。比如，加拿大与美国的 1985 年《刑事案件双边司法协助条约》就包括了在限制竞争协议刑事案件中的双边协助。该条约的任一缔约方可以请求另一方对于在另一方境内进行的强制性程序予以协助，包括允许使用搜捕令和大陪审团，以及运用其他刑事侦查权。此项条约签订后，美加之间的反托拉斯合作有了很大的提高。例如在“美国诉 Kanzaki 专业纸业公司”案[①]中，如果没有加拿大在证据搜集和信息传递方面的协助，这一巨型跨国卡特尔很可能不能够受到美国反垄断法的制裁。[②]但这一条约同样没有解决秘密信息交换问题。

无论是专门的还是仅仅存在反垄断考虑的双边协定已经成为各国进行反垄断法国际协作的常用选择。这些双边协定的数量持续上升，所涉及反垄断合作问题的广泛性和深入性也在不断拓展。但是，我们注意到，这些双边协助机制之间的相互融合还是初步的，要像国际投资领域那样在全球范围内张开一张双边协作的大网还有待进一步努力。[③]而且，全球已有超过 100 个反垄断机构，可以预想建立起一个全面的双边协定网络

---

① Crim. No. 94-10176NMG (D.Mass., filed July 14, 1994) .

② International Antitrust Enforcement Assistance Act of 1994: Hearings on H.R.4781 Before the Subcomm. On Economic and Commercial Gaw of the House of Representatives Comm. on the Judiciary, 103d Cong. 2d Sess .28 (1994) (statement of Anne K. Bingaman, Assistant Attorney General, Antitrust Division, Department of Justice) .

③ Jay Pil Choi, Heiko Gerlach: *Global Cartels Leniency Programs and International Antitrust Cooperation*, CESIFO WORKING PAPER NO.3005. http: //www.cesifo.de/DocCIDL/cesifo1_wp3005.pdf. visited 1st, 2011.

必定要付出很大的代价，这个过程可能既复杂又漫长。如果对相关国家的利益和需要考虑不足，还会导致部分国家的反垄断机构不愿意加入这一网络组织，这个过程也会因而变得不现实。

第二节　反垄断法的区域性协作

在本书前面的章节当中，通常将欧盟作为实施反垄断法的一个主体来进行反垄断法立法和实施情况的讨论。可以看出，欧盟反垄断法对于世界反垄断法发展的影响力是巨大的。但是，欧盟反垄断法的世界影响力还存在另外一个重要的方面，即欧盟反垄断法与欧盟成员国反垄断法的协作关系问题。这一问题被认为是讨论区域反垄断法的最典型例证。与欧盟的区域反垄断法体系[①]相比，现存的其他任何区域反垄断法都是原始和粗糙的。在其他一些地区中，人们有意展开反垄断法的区域化合作，但却没有充分准备好接受国际公法中实质性条款约束。像亚太经合组织（APEC）这样的存在反垄断区域协作的平台只是一种非实质性的论坛。因此，本节以欧盟的反垄断法区域性协作为主要论述对象。

一、双重障碍理论与司法管辖权

欧盟反垄断法对各成员国反垄断法的影响具有特别重要的意义。原因之一就是所有成员国在加入欧盟之时即已经拥有自己的反垄断法体系。[②]欧盟反垄断体系在构建成员国国内反垄断体系过程中发挥了至关重要的作用。

在欧盟成立的初期，欧盟反垄断法和各成员国反垄断法的关系仅建立在司法管辖权标准的基础上。双方依据欧盟法院在其早期引入的“双重障碍理论”（two-barrier theory）决定司法管辖权的适用性。该理论规

---

① 本文论述的欧盟区域反垄断法体系包括欧共体过渡为欧盟之前的欧洲区域反垄断法内容，由于这一转变对于欧洲地区的反垄断法发展进程而言并不具有阶段性意义，故本文对欧盟和欧共体的称谓不做区分，统称欧盟反垄断法，表达欧洲区域反垄断法之意。

② M. Sinagusa, G. Scassellati-Sforztine, “Italian and EC Competition Law, a New Relationship-Reciprocal Exclusivity and Common Principles”, *Common Market Law Review*, 1993 (29) , p.93.

定只有在对成员国间贸易产生影响时欧盟反垄断法才适用。成员国可以自由采用它们国内的反垄断法，在自己的领土范围内调整对竞争条件产生影响的行为，条件是这种行为没有违反欧盟反垄断法。该理论定义了欧盟和国内法庭各自司法领域的司法管辖权，塑造了两套法律之间关系的基本组成。

在这段时期内，欧盟反垄断法与其成员国反垄断法在两个独立的司法管辖权范围内同时被适用，这就出现了两者在这些范围内相互协调的可能。但现在看来，这种协调非常有限。其中一个重要的原因在于，存在合作可能的双方均没有强烈的合作动机。通常国内法庭执行反垄断法的权限存在着某些限制条件。成员国国内反垄断体系的功能几乎仅由行政管理机构执行。[①]很明显，企业的反竞争活动会影响多个成员国的市场。因此，对于国内法庭而言，不可能在他们跨国界地影响到市场时调控这样的活动。对限制竞争行为提起控诉的人们几乎没有诉诸司法部门要求对限制竞争行为带来的损失进行赔偿的动机。他们发现，这比由其国内反垄断机构协同司法部门采取法律行动或向欧盟委员会提出控诉更加简便、低廉而且可靠。[②]此外，国内法庭应用欧盟反垄断法的方式非常不明确也是造成这一现象的重要原因。

导致协调动机缺乏的其他因素包括：在集中化体系下，国内法庭仅拥有应用欧盟反垄断法的某个部分而不是所有部分的权力。例如，他们没有权力宣布《欧盟条约》第 81 条第 3 款的个别豁免，原因是《欧共体 17/62 号条例》仅为欧盟委员会保留此项权力。[③]对于国内法庭全面应用欧盟反垄断法的权力限制同样阻碍原告寻求对欧盟反垄断法的执行，特别是《欧盟条约》第 81 条，在国内法庭上，[④]鼓励他们停止诉讼并将其作为辩护策略向欧盟委员会请求豁免。

对国内法庭的权限和管辖权的限制并不意味着欧盟和国内法庭的权限范围之间的协调不能通过其他渠道实现。比如要求国内反垄断机构执

① J. Bourgeois, “EC Competition Law and Member States Courts”, *Fordham International Law Journal*, 1993 (17) , p. 331.

② R. Whish, “Enforcement of EC Competition law in the Domestic Courts of Member States”, *European Competition Law Review*, 1994 (15) , p. 60 & pp. 61-2.

③ Article 9 of the Regulation.

④ 即使国内法庭发现《欧盟条约》第 81 条禁令适用，被告公司也可以使委员会信服并宣布豁免，进而宣告诉讼无效。

行欧盟反垄断法。[1]然而，事实是国内反垄断机构同样缺乏在《欧盟条约》第 81 条第 3 款下获得豁免的权限，[2]再加上它们中的一些甚至缺乏在其国内法律规定下首先应用欧盟反垄断法的权力，亦即该选择权甚至没有法庭选择权所具有的普遍性，所以此类协调也未能实现。

二、欧盟反垄断法的集中与分权

进入 20 世纪 80 年代以后，欧盟内部的经济条件和政治舆论的变化在不断增多，欧盟与其成员国之间的反垄断法关系开始从单一的司法管辖权上的简单协调发生变化。特别是以 1986 年《单一欧洲协定》的引入为标志的市场一体化过程的复苏，说明保持欧盟与成员国国内法律权限形式上的划分已经不再可能。

这样的发展使人们对欧盟和成员国国内反垄断法之间的关系中起决定因素的管辖权标准产生疑问。欧盟正在向更高的一体化水平进发并因此引出了一个问题，也就是一般欧盟法律——特别是欧盟反垄断法——需要一个基本的、更加协调的一体化框架。由此便引发了一个与欧盟反垄断法和政策有关的主要争论，即集中化与分散化的争论。

（一）集中化与分散化的争论

集中化本质上是一种向心的过程，在欧盟成立的早些年，人们建议将权力集中到欧盟层面。此观点出自多种原因。其中之一是，在条约执行初期，欧盟委员会的部分官员关注在布鲁塞尔集中力量，从而削弱成员国及其国内反垄断机构在执行反垄断政策中的作用。另一个原因来自于单一市场一体化的目标。根据该目标，人们普遍体会到欧盟反垄断法及其机构必须逐渐向欧盟反垄断政策的中心舞台移动。因此成员国国内反垄断法被推到了边缘，并且仅限于处理在本国境内发生的与反垄断政

① Notice on Co-operation between the Commission and National Competition Authorities in Handling Cases Falling Within the Scope of Article 85 and 86 EC, OJ 1996 No. C262/5, p. 13.

② 很明显，国内反垄断机构可以花费其资源来将一项起诉归结到《欧盟条约》第 81 条第 1 款的范围内，对此它没有最终的控制权。See M. Fernandez Ordonez, "Enforcement by National Authority of EC and Member States Antitrust Law", *Fordham Corporate Law Institute*, 1993, p. 629.

策相关的问题。[①]

与上述集中化观点相反的，是一种离心的过程，即要求授权至国家层面。这就是所谓的分散化过程。在 20 世纪 80 年代中期，欧盟反垄断政策开始迈入了这一进程。[②]当时，欧盟委员会开始认真考虑让国内法庭和国内反垄断机构参与应用欧盟反垄断法的必要性。[③]这一趋势的产生归因于若干因素。最主要的因素是欧盟委员会在其体系框架下明显不能履行其职责，原因在于：第一，缺少资源，主要由财政和政治因素所导致；第二，20 世纪 80 年代中期，欧盟有可能在计划扩大其地理区域范围。[④]从 20 世纪 80 年代末到 20 世纪 90 年代初发生的重大事件使分散化变得更加紧迫。这些事件有 1991 年开始的苏联解体进程、1992 年欧洲联盟条约（TEU）的签订，以及当时更多国家即将加入欧盟等。

（二）欧盟反垄断法的分权与发展

1. 欧盟反垄断法在成员国国内的实践

欧盟反垄断法的分散化思想首先体现在对国内法庭更加深入参与解释、应用以及执行欧盟反垄断法的需要。欧盟委员会认为，增加国内法庭的职责不仅能够有效地解决大量待处理案件堆积所产生的问题，还能够提高其对欧盟反垄断法的应用意识，并且促使国家法律与欧盟反垄断法保持一致。此外，这种分散化同样也是人们所期望的，因为没有必要更改“双重障碍理论”，或者迫使欧盟委员会放松其对欧盟反垄断体系的掌控。

在 20 世纪 90 年代初，欧盟委员会极力鼓励原告向国内法庭提出诉

---

① 这个发展似乎已经通过引进合并条例得以证明，1989 年的欧共体 1064/89 条例授权欧盟合并任务，组织负责合并成员国国内反垄断机构之外具有政治、经济以及法律重要性的案件。

② J. Meade, “Decentralization in the Implementation of EEC Competition Law-a Challenge for the Lawyers”, *Northern Ireland Law Quarterly*, 1986 (37) , p. 101.

③ Commission 13th and 15th Reports on Competition Policy 1983 and 1985, paras.217and 38 respectively.

④ 西班牙和葡萄牙于 1986 年加入欧盟，瑞典、芬兰和奥地利等更多国家也相继加入欧盟。此外，加盟计划还包括那些加入欧盟时不具有反垄断法或反垄断体系的处于早期发展阶段的国家。这就是说，这些国家中的企业和未来的官员将必须被告知反垄断法的概念，这可能导致欧盟委员会资金和教育负担的增加。

讼请求，而不再鼓励原告去布鲁塞尔寻求补偿，于是这种分散化形式随之变得越来越明显。[①]在 1993 年由欧盟委员会颁布的、关于欧盟委员会与各成员国间合作应用《欧盟条约》第 85 条（现第 81 条）和第 86 条（现第 82 条）的《通告》中也对这些努力给予说明。

《通告》的若干用途使其地位更加巩固。[②]《通告》既强调欧盟委员会努力促进私人诉讼，同时也强调欧盟委员会对遵守法律问题的高度关注。《通告》强烈宣传这样一种原则：任何对欧盟没有特殊政治、经济或法律意义的案件，应该按照一般原则，由国内法庭或成员国国内反垄断机构解决。为了明确国内法庭的作用，《通告》对国内法庭如何应用欧盟反垄断法给予程序上的指导。《通告》还具体规定了国内法庭对案件做出裁决并采取措施所应考虑的因素。从本质上说，国内法庭应该按照《通告》的指示原则，依据欧盟反垄断法，使其做出的裁决尽可能与欧盟委员会或欧盟法院对该案可能做出的裁决保持一致。《通告》建议国内法庭除应考虑欧洲法庭的审判裁定外，还应考虑到欧盟委员会依据集体豁免原则，那么就可为欧盟成员国依据《欧盟条约》第 81 条第 3 款的规定就个案宣布反垄断豁免扫清障碍，《通告》指出，欧盟委员会将积极倡导这种机制的使用，进而使其成为深化分散化形式的一种手段。

《通告》在其产生的第一年里便引发了质疑，人们怀疑《通告》是否可以明显提高国内法庭的利用率。产生该质疑的原因是，当时《通告》本身或欧盟委员会任何相关的行为都没有影响或者改变企业的一般态度，即只向国内法庭提起有关风险和不确定性方面的法律诉讼。[③]事实上，这种质疑态度贯穿了《通告》存在的始终。毫无疑问，采用这种分散化形式依然存在一些障碍，例如国内法庭缺乏宣布个别豁免的权力。[④]尽管存在这样的质疑，但总体而言，仍可以认为《通告》使得欧盟委员会与

---

① C. Hermann, "The European Community, It's Law and Lawyers", *Common Market Law Review*, 1992 (29) , p.213 & p. 225.

② A. Riley, "More Radicalism, Please: the Notice on Co-operation between National Courts and the Commission in Applying Articles 85 and 86 of the EEC Treaty", *European Competition Law Review*, 1993 (14) , p. 93.

③ C. Hermann, "Implementation of EC Competition Law by National Antitrust Authorities", *European Competition Law Review*, 1996 (17) , pp. 88-89.

④ G. Marengo, "The Uneasy Enforcement of Article 85 EEC as between Community and National Levels", *Fordham Corporate Law Institute*, 1993, p. 605.

国内法庭间的合作关系迈出了积极的一步。

分散化思想在欧盟反垄断法的实施还体现在成员国国内反垄断机构对欧盟反垄断法的直接执行。多年以来，欧盟委员会与各国国内反垄断机构相比，缺少改进这种分散化改革的动机。因为欧盟委员会多年来一直认为这种分散化带来的制度及政策问题与由国内法庭执行欧美反垄断法的情况一样复杂，而且更加具有不确定性。欧盟委员会认为，这种选择本应该通过成员国国内反垄断机构的官员与欧盟委员会自身的官员做出的裁决决定进行协调，从而必然使两个组织间的关系更加协调紧密。然而，人们却认为这种做法具有冒险性，因为每组官员都有一定程度的判断力，每个人都善于在政策体系运行范围内考虑政策，并对反垄断体系带来的压力做出回应。欧盟委员会同样认为这样会花费委员会大量的额外成本并干扰其在欧盟中用以保护竞争的控制能力。缺乏热情的另一个原因是，与执行国内反垄断法相比，成员国国内反垄断机构对欧盟反垄断法的执行缺乏兴趣。从一定程度上说，这一点是可以理解的，因为它们缺乏按照《欧盟条约》第 81 条第 3 款规定宣布个别豁免的权力。它们主要负责自身国内反垄断法律的制定和执行，而且通常按照这项任务的完成情况判断他们责任履行的情况。另外，大多数国内反垄断机构的资源和经验比较有限，况且有些成员国，如意大利，甚至根本不具备反垄断体系，更不用说其国内反垄断法和欧盟反垄断法之间存在的巨大差别，这些在很大程度上都导致了这种热情的缺乏。

尽管欧盟委员会显然在勉强追求这种分散化形式，国内反垄断机构显然也缺乏应用欧盟反垄断法的积极性，但欧盟委员会还是宣布了一项关于欧盟委员会和成员国国内反垄断机构之间处理属于 1996 年《欧盟条约》第 85 条（现第 81 条）和第 86 条（现第 82 条）的调整范围内的案件进行合作的《通告》。《通告》称，欧盟委员会有认真考虑这种分散化形式的意愿，特别提到了辅助原则，该原则将权限在欧盟和成员国国内反垄断机构之间进行分配，并将其作为权限转换增加的理由，尽管对成员国国内反垄断机构来说转换的方式有限。《通告》中解释，根据提起诉讼的规模或效果，如果能在共同体层面上得到很好的解决，就应该由欧盟委员会出面执行；如果诉讼可以在国家层面上得到很好的解决，则最好由相关成员国国内反垄断机构出面执行。而这种权限分配原则的价值很明显——正如《通告》中介绍的——其操作和适用范围有限，主要原因是成员国国内反垄断机构缺少在欧盟条约第 81 条第 3 款的规定下获得豁免的权限。

《通告》表明欧盟委员会已经开始意识到与成员国国内反垄断机构合作的重要性，并说明了这种合作的好处，特别是为了避免双重反垄断执法。然而，《通告》未从根本上改变成员国国内政策制定者更积极思考有关分散化过程的态度。很明显，按照《通告》所述，要使这种分散化形式更可行，则需要欧盟委员会在这方面采取更重要的措施以巩固其效果。欧盟委员会已经采取的一些措施将在下文中提到。

2. 成员国反垄断法的国内应用

体现欧盟反垄断法分散化思想的另一种形式是成员国国内反垄断机构继续采用本国的反垄断法，而且使用越来越频繁。[①]相对于前一种方式，这种形式的分散化体现受到较少的关注，主要原因是欧盟委员会和成员国国内反垄断机构通常使用术语“分散化”来代表欧盟反垄断法的分散化应用，而不是国内法受到的分散化思想的影响。例如，欧盟委员会的政策经常会加强欧盟反垄断法的作用和有效性，而对国内法律的依赖性的增加则与之相悖。然而，至少有以下两点原因可以解释这种分散化形式的重要性。首先，成员国国内反垄断机构增加对本国反垄断法的应用可以回应辅助原则相关的价值和关注。这些价值和关注降低了在欧盟层面上权力的集中，并加强了成员国保护竞争的权力，至少它们做出的决议可以跟欧盟委员会做出的决议同样有效。其次，成员国国内反垄断机构可以按照本国反垄断法很好地保护竞争，欧盟委员会不必再耗费任何资源就可以实现其目标。在这种情况下，更多地依赖成员国国内反垄断法还可以避免遭遇许多困难，这些困难是在欧盟委员会和一个或更多的成员国国内反垄断机构同时应用欧盟反垄断法的情况下产生的。

尽管存在上述原因，但对成员国国内反垄断机构更多地依赖其国内反垄断法仍然具有争议。半个多世纪以来，欧盟委员会一直在探寻如何使欧盟反垄断法成为市场一体化的基础。如果增加对成员国国内反垄断法的依赖，似乎可以颠倒该过程。这种行为降低了欧盟委员会的优越行和权威性。成员国国内反垄断机构有机会为商界提供咨询，企业可以按照标准制定重要的商业决策和决议，这样将挑战欧盟委员会的优势。此

---

① P. Boss, “Towards a Clear Distribution of Competence between EC and National Competition Authorities”, *European Competition Law Review*, 1995 (16) , p. 410.

外，在欧盟委员会内部也产生了质疑，即到底在多大程度上依赖成员国国内反垄断法保护竞争才能像依赖欧盟反垄断法一样令人满意。考虑到限制竞争的条件通常产生跨国效应，于是这种疑问的提出似乎具有其合理性。这些限制可能会违反多个成员国的法律并因此引发成员国之间的矛盾，耗费国内反垄断机构以及相关企业的时间和资源。一个成员国未必能够有效地解决这些限制问题，因为这些限制不只会影响一个成员国，而且在某些情况下不能保证充分获取其他成员国的信息和证据。

然而，人们建议不再考虑这些因素引发的问题，来确保国内反垄断机构可以按照类似的方式执行类似的、实质性的反垄断规则。毫无疑问，成员国国内反垄断体系越接近，在欧盟层面和成员国国内层面之间分配权力的手段就越容易，特别是在疑难案件中以及涉及调配相关证据的情况下。不仅如此，反垄断体系越相似，欧盟和成员国国内反垄断法之间的差别就变得越来越没有意义。成员国国内反垄断机构运用本国反垄断法的最终结果就是会引起较少的反对。

三、欧盟各成员国的反垄断法协调关系

20世纪80年代中期至20世纪90年代初期在实现单一市场一体化目标上重获的信心为欧盟反垄断政策开辟了新篇章。自那时起，许多欧盟成员国，或者引进了与欧盟反垄断体系模式类似的、新的反垄断体系，或者修改它们自己的反垄断体系使其更加接近欧盟的反垄断体系模式。然而有趣的是，目前这种协调的转变并不是欧盟委员会分散化做法的结果，而是出于某些成员国的主张。各成员国调整其类似的反垄断规则，使其适应欧盟反垄断法，这种做法表明了成员国对欧盟创始国的支持，如法国和德国，它们追求更深入的一体化。这样的成员国可能得到其他支持者的赞同。20世纪90年代初，期望加人欧盟的国家同样表达了它们对“法律协调”的兴趣。处于加盟的各个阶段的“拟加盟国”纷纷通过颁布与欧盟反垄断法类似的反垄断法律以证明它们对现有成员国和欧盟机构一体化努力的支持。

总之，多种因素导致成员国国内反垄断法朝着协调的方向发展。特别值得一提的因素有三个方面。第一，经济因素。不同成员国的商业企业强调，它们及各成员国间的跨国贸易在协调的反垄断规则下受益。第二，随着分散化进程的深入，成员国反垄断机构间相互学习的意愿有所

增加。第三，整个欧洲对竞争价值的认同度不断提高。这一点可以通过市场机制逐渐占据支配地位来证实。在这种情况下有必要采取措施保护其经济活动的运行及其机能的正常运作。从某种程度上说，这是一种意识形态的转变。而且，反映出人们逐渐意识到整个欧洲经济复苏的必要性，也意识到竞争水平的提高很可能是促进经济环境强壮和健康发展的手段。

（一）协调的类型

一种类型是文本上的协调，[①]此种类型的协调已逐渐遵循《欧盟条约》第 81 条和第 82 条的规定。在某些情况下，一些国内法律，如法国法律，只遵循这些规定的基本框架；其他法律，如瑞典法，则采用了欧盟法律中的术语。另一种类型是制度和程序上的协调。在这种情况下，与文本上的协调相比，欧盟反垄断体系被作为统一的模式要求。然而，制度层面上的变化的一般模式已经趋于具有更多的司法特征和制度，这些制度倾向于在成员国国内反垄断体系中扮演更多的司法角色。它们已经承担了在国家层面上解释、应用以及执行反垄断规则的责任，这与先前有关成员国中存在的行政控制制度有所区别。就此而言，国内反垄断机构已经逐渐地——比如从政治影响中——获得了独立性。

（二）协调的阶段

欧盟与成员国之间的协调大致可分为两个阶段。第一阶段，在国家层面上应用与欧盟反垄断法相类似的协调模式。第二阶段，努力协调欧盟和成员国国内反垄断体系的关系。在协调过程中所取得的进展十分显著。协调的两个阶段间的相互作用有望在构建欧盟和各成员国反垄断法之间的关系中发挥重要作用。欧盟一体化的深入对各国反垄断体系一体化提出了相应要求。协调的两个阶段间的相互作用有助于阐明未来动态及不同组成元素。欧盟和成员国国内反垄断体系的组成部分能否在更加一体化的基础之上运行，或者是否只有正式的司法规则才能将这些组成部分联系起来，这两点都不明确。

描绘这样的一个画面并不困难：欧盟和成员国国内反垄断体系之间的关系更加紧密。这种反垄断前景使欧盟体系成为欧盟反垄断政策及欧盟原则发展的焦点，并且与成员国国内反垄断体系相关联。“双重障碍理

---

① H. Ullrich, “Harmonisation within the European Union”, *European Competition Law Review*, 1996 (17) , p. 178.

论”将继续发挥主要作用，欧盟委员会或相关成员国反垄断机构是否具有对特定反垄断案件进行调查和裁决的能力依然是问题的焦点。因为欧盟委员会的权力和威信可能会因成员国反垄断机构的介入而受到威胁，因此这个问题依然是（且很大程度上是政治方面的）难题。这就意味着政治矛盾在决策中的地位逐渐弱化。此外，这同样是个政治问题，因为欧盟和成员国的决策者所坚持的政策和持有的个人观点往往各不相同，并且有时候可能会相互矛盾。

（三）体系结构

欧盟和成员国国内反垄断体系之间的关系呈现两种结构。第一种结构可以称为“垂直合作”。这种结构所包含的因素诸如欧盟与成员国反垄断机构的官员如何分享共同利益以及如何制定制度手段来追求并保护这种共同利益。处于两个级别的政策制定者们都具有保护竞争进程的共同目标，但是他们在如何更好地实现该目标的问题上往往存在分歧。此外，这些利益能否与其他目标和价值相结合尚不明确。因此，为了追求共同利益，在欧盟和成员国国内反垄断体系之间搭建一个势力相当、沟通流畅的平台，是一项非常难以执行的计划。第二种结构可以称为“水平合作”。这种结构意味着成员国国内反垄断机构之间将建立更加密切的联系。这一点一方面取决于他们对共同利益认识的程度，另一方面取决于他们为了追求这种利益——与“垂直结构”相互独立——愿意并且能够找到实现手段的程度。

经过一个渐进的实践与分析过程，人们逐渐认识到了这些结构的重要性。当然，很难准确地预测，这种重要性是否会逐渐增强，以及结构间在多大程度上能够相互结合。这很可能会受到欧盟反垄断体系的外生因素的影响。比如，第三世界国家加入欧盟因素，以及相关的拟加盟的国家、加盟的时间、加盟后的经济、政治和法律传统的类型等更加具体化的因素。在欧盟委员会 1999 年 4 月 28 日发布的《〈欧盟条约〉第 85 条（现第 81 条）和第 86 条（现第 82 条）实施细则现代化》白皮书（文件）中，欧盟委员会阐述了其对欧盟反垄断体系的重新思考：“该体系运行得非常好”，但却“不再适合今天这个拥有 15 个成员国、11 种语言以及 3.5 亿多居民的共同体”。欧盟委员会在文件中提出了修订提议的理由，尽管条款并不完整。在文件第 5 款中，欧盟委员会在《欧共体 17/62 号条例》中提出了这次重新思考的理由——“共同体发展的外部因素”。

同样，对结构重要性的判断也会受到内生因素的影响。其中一个重要的影响因素是在全球经济环境下产生变化及变化程度的问题。另一个重要因素是各成员国如何认识欧盟反垄断体系。如果认为欧盟反垄断体系是成功的、有益的，将会激励成员国拉近本国的反垄断体系与其之间的距离，这就意味着该体系很可能赢得支持、变得有力而且具有影响力。这对彼此是互惠互利的，因为欧盟和成员国法律体系将彼此支持。另一方面，如果成员国持有相反的认识，那么他们不太可能采取上述措施。欧盟委员会所面临的重大挑战是能否以某种方式维系它与成员国国内反垄断机构的关系，这种方式将避免成员国国内反垄断机构产生与欧盟委员会利益相悖的动机。为此，“垂直结构”的有效性看起来是形成“水平结构”的关键因素。各成员国的认识问题需要得到仔细考察，从而确保分析具有全面性和合理性，并且避免产生有害的政治方面的假想。

欧盟反垄断法和各成员国反垄断法的关系可以看成市场一体化目标的缩影。同时，欧盟反垄断体系和成员国国内反垄断体系之间的有效协调可能会促成该目标的实现。这同样也会提高欧盟反垄断体系跨国界的影响力。因此，为了在欧盟内部和外部避免对欧盟反垄断体系的形象产生任何负面影响，欧盟反垄断法与其成员国反垄断法的协调至关重要。因此，欧盟委员会一直试图修改现有体系，以便解决现在的资源缺乏问题，减轻商业企业由于不必要的成本和官僚作风带来的负担，进而形成一个更加简单有效的控制体系。

第三节　反垄断法的多边协作

反垄断法的国际化也许是一个新兴热议的话题，但早在《哈瓦那宪章》草案当中就已经有了处理限制性商业行为的专门条款。[①]从这个意义上讲，反垄断法的多边协作尝试甚至比本章前文提到的双边协作和区域性协作要早得多。虽然其迄今没有产生一个具有强制约束力的正式成果，但国际组织一直以来对于开展反垄断法多边协作的思考和尝试本身就说明了这种协作方式的重要性以及反垄断法国际协作的一种发展趋势和目标。

① *Havana Charter for an International Trade Organization,* UN Doe. E/Conf. 2/781948.

一、世界贸易组织

世界贸易组织发源于布雷顿森林会议上提出的建立国际贸易组织的建议，发展至今，已经成为当前最具有影响力的国际组织之一。无论是世贸组织的前身国际贸易组织（ITO），还是现在的 WTO，都体现了对于反垄断国际合作问题的关注。

（一）国际贸易组织的努力

在 20 世纪前期，垄断行为引起人们的普遍反感，国际联盟将其看成“世界贸易的敌人”。当时大行其道的垄断经济对 20 世纪 30 年代早期的经济活动产生了重要影响。以德国、意大利和日本为典型的许多国家曾依赖卡特尔的形式来为参与第二次世界大战作准备。因此，战后旨在建立一个国际贸易组织，（International Trade Organization，ITO）的《哈瓦那宪章》对垄断行为，尤其是国际卡特尔的危害予以了重视，拟定专门条款处理限制性商业行为。其第 46 条规定，成员国应当对那些影响国际贸易的限制性商业做法采取适当的措施，因为这些做法阻碍了竞争，限制了市场准入，或促成了垄断性控制，这会对贸易的扩大产生危害。[①]

宪章草案对设想中的国际贸易组织成员国施加了这一义务，以防止企业采取“在国际贸易中抑制竞争、限制利用市场或促进垄断控制”的行为，这些限制性行为干扰了宪章中贸易自由化的目标[②]。宪章规定成员国可以就这些限制性行为向国际贸易组织提出申诉。根据宪章第 48 条，国际贸易组织有资格对存在限制性竞争行为的企业的所属国进行调查并要求其采取行动。但是，由于美国对反垄断政策国际化的反对，国际贸易组织事实上并没有真正成立，宪章也被认为是失败的。[③]

这一结果可能很让人吃惊，尤其是考虑到当时的国际反垄断局势以及美国对限制竞争行为的反对态度。[④]美国前总统富兰克林·罗斯福在给前国务卿科德尔·赫尔的信中写道：“在过去的半个世纪中，美国已经形成了反对私人垄断的传统。《谢尔曼法》和《克莱顿法》如同美国宪法的法定诉讼程序条款一样已经成为人们的一种生活方式。这些法令通过保

---

① *Ibid.*

② *Havana Charte*r, Article 46.

③ A. Lowenfeld, *Public Controls on International Trade,* N.Y.: MatthewBender, 1983, p.79.

④ Bruce and E. Club, *United States Foreign Trade Law,* Boston: Little Brown, 1991, p. 221.

护消费者免受垄断的影响来保证竞争带来的收益。这个政策与你在公共服务方面多年支持的国际贸易自由原则是密切配合的。贸易协议计划的目的是消除国际商业中贸易自由流动的障碍，反垄断法旨在消除国家间贸易以及国外商业贸易中存在的垄断限制。不幸的是，许多国家，尤其是欧洲国家，并没有这种反卡特尔的传统。相反，卡特尔还得到了一些政府的支持，德国尤其如此。而且，纳粹还把卡特尔作为达到其政治目的的政府工具。纳粹军队的失败紧接着必将是这些经济福利武器的消亡。但是排除了德国的政治活动，人们仍然需要卡特尔。限制了国外贸易货物流动的卡特尔将不得不受到抑制。在国际贸易中，这一目标的达成只有通过与美国的合作才能实现。”[①]

（二）世界贸易组织的尝试

WTO 是一个特殊的国际组织和规则制定主体，它具有非常广泛的成员基础，拥有专业的工作人员，还是各国对管理国家经济行为的约束规则进行谈判的中心。[②]在乌拉圭回合多边贸易谈判后，世贸组织强大的能力变得更加突出。在乌拉圭回合以后，世贸组织能够影响的领域被扩大，内部的争端解决机制也更完善。

与 GATT 相似，WTO 主要处理政府间的贸易扭曲行为。因此，WTO 的规则中除了针对反倾销的，其他都不针对私有企业的行为。相反，WTO 建立了一套全面的规则，要求成员国政府遵守基本非歧视原则和兑现市场开放的承诺。

在 WTO 之前，GATT 的一些案例中已有国家声称其他国家支持或扶植企业对市场进入的限制性行为进行打击。GATT 和 WTO 都不是解决这些争端的首选组织。另外，除了有限的几种政府行为造成的企业垄断现象，国际贸易规则并没有要求政府对私有企业的行为负责。从这一点上来说，WTO 并不具有一套能令政府对企业抑制市场竞争的行为负责的多边规则。但是，WTO 并非不具备达到反垄断目标所需的能力。事实上，支撑 WTO 的基本非歧视原则，如国民待遇、最惠国（MFN）及透明度

---

① P. Muchlinski,“A Case of Czech Beer”, *Competition and Competitiveness in the Traditional Economies*, 1996 (59) , p.658.

② A.Fiebig, “A Role for the WTO in International Merger Control”, *Northwestern Journal of International Law and Bossiness*, (2000) 20, p. 233.

等，都支持在国家层面上进行公平的反垄断体系的运作。而且，由于国家努力想要实现贸易和投资流动，所以建立国内政策框架能够确保私有企业不会通过私人安排限制这种流动，这与支持国际贸易系统是同等重要的。也就是说，这两个政策框架是互补的。这一点可以从第一章的有关论述中得到佐证。另外，反垄断政策的概念不可避免地在很多 WTO 协议中出现，如《基础电信协定》《服务贸易总协定》《与贸易有关的投资措施协议》《与贸易有关的知识产权协定》以及《会计规则协议》都有涉及在一国国境内采取的影响竞争的措施。

目前，呼吁 WTO 框架下建立反垄断法多边协作机制的呼声很高，WTO 本身也在慎重地考虑这一问题。但是多边反垄断协作机制如何在 WTO 的框架下建立和发展，仍是一个仅有初步讨论的问题。比如，WTO 各成员国的多边贸易协商短期内在多大程度上涉及反垄断政策？争端解决过程的一系列规则是否应该包括在内？用于消除市场障碍的透明度和非歧视义务的框架是否应该包括在内？协商是否应该包括其他有关因素和方面？WTO 在反垄断政策上是否具有长期的作用？在讨论反垄断问题在 WTO 框架下的发展方向时，各个国家针对建立国际反垄断体系的不同观点以及对于 WTO 合适作用的多种看法至关重要。近年来，WTO 工作组已接受了来自许多国家的各类交流意见。

美国认为，WTO 作为商讨反垄断规则的组织是否合适本身就还是个问题。虽然美国积极支持 WTO 工作组的工作，但是它一直对 WTO 在协商反垄断规则中发挥的现实作用持保留态度。关于 WTO 涉入反垄断政策领域，美国就曾经提出过一些担忧。美国反垄断官员的主要观点是国际反垄断机构缺乏必要的信息，他们不了解有约束力的国际协定可以在多大程度上为反垄断政策和贸易政策带来效益，更不用说在这些问题上达成一致意见的困难程度了。美国反垄断官员认为 WTO 面临来自内部的挑战。首先是在纷繁复杂的证据面前 WTO 对判断那些受质疑的决议并没有经验，也不适合做这项工作。挑战还涉及 WTO 不可避免地“政治化”了国际反垄断的执行，这样既不会促进经济理性，也不会提高法律在反垄断决策制定上的中立性。[①]美国针对国际反垄断政策问题主要关注如何在

① J. Klein, *A Reality Check on Antitrust Rules in the WTO, a Practical Way Forward on International Antitrust*, address before the OECD Conference on Trade and Competition, available at http: //www. usdoj. gov.

不同国家的反垄断机构之间建立双边协议。这种协议被认为是反垄断政策国际化的关键组成部分。美国认为各国应在分享经验、建立双边合作以及为那些正在或将要在本国法律体系内制定反垄断法律和政策的国家提供技术援助的基础之上，坚决而有效地执行反垄断法。尽管美国强调的是双边合作，但自多哈会议以来，美国已经参与到了反垄断政策多边协议的讨论当中，表现出对 WTO 涉足垄断问题的积极方向转变。[①]美国逐渐感到它的单边主义的生命不会很长，以及减少竞争领域冲突的重要性。

相对于美国，欧盟更加支持反垄断政策国际化。欧盟委员会并非只强调不同反垄断机构订立的双边合作协议的重要性和有效性，双边协议只是国际反垄断政策的基础工具。因此，在过去大约 10 年的时间里，欧盟委员会开始主张并支持建立反垄断政策的多边协议。欧盟委员会建议首先就以下问题进行磋商：限制性商业行为，如何使执行方法适当且透明，以及通过交换非保密资料、通知（notification）和积极礼让（positive comity）等形式的合作。欧盟委员会认为各国反垄断法可以在未来实现更广泛和更具实质性的协调。这就意味着应制定争端解决规则，尤其是针对与反垄断体系在国家层面上的发展相关的、违背一般原则和规定的行为。欧盟委员会认为争端解决机制还可能适用于在影响 WTO 其他成员国贸易和投资的案例中执行反垄断法失败的情况。[②]

虽然澳大利亚、加拿大和日本等许多国家与 WTO 交换意见，但这些国家支持欧盟的观点。例如，日本支持发展国际反垄断规则，但是它同时也与许多亚太地区的发展中国家意见一致，即强调反垄断政策的多边协商必须包括反倾销问题。[③]

在提交给 WTO 的意见中，韩国基本上支持在有效的争端解决机制基础上建立反垄断政策的多边框架。[④]韩国主张加强反垄断机构的国际合作。加强合作可以使反垄断法律和政策的实施效果更好。韩国建议在 WTO 内展开一次讨论，针对如何将积极礼让引入多边框架从而对跨境反竞争行为施加更大的限制。关于国际兼并的问题，虽然韩国认为在重新

---

① 王晓晔、陶正华：《WTO 的竞争政策及其对中国的影响——兼论制定反垄断法的意义》，载《中国社会科学》2003 年第 5 期，第 41 页。

② The proposals of the EC Group of Experts, Competition Policy in the New Trade Order Strengthening.

③ International Co-operation and Rules'COM (95) 359, available at http://www.europa.eu.int.

④ Communications from Korea, WT/GC/W/298 6 August 1999, ibid.

考察兼并的一般过程、统一文件的格式和最后期限、建立一个共同文件办公室来处理国际兼并等领域，考察如何加强反垄断机构之间的合作很有价值，但是韩国仍谨慎地认为协调各个司法体系针对兼并控制的实质性条款不可能十分容易。韩国提出应谨慎交换保密信息。在目前的情况下，在反垄断政策的多边框架下交换信息的条件是不成熟的，因为 WTO 成员之间交换信息的行为仍由不同的国内反垄断法律管辖。

为支持建立反垄断政策的多边框架，韩国提出可以根据各国的经济发展水平和本国国情制定一段过渡时期。随着国际贸易逐渐的自由化以及发展中国家不再通过对本国工业的保护来采取由出口带动经济增长的政策时，反垄断政策应该从经济发展的早期就被引人。根据韩国的观点，充分的竞争将会使经济资源得到最佳配置，可以帮助中小型企业，并且使这些国家提前或及时地对国内外飞速变化的经济环境做出反应。

除了美欧等地的发达国家，一些发展中国家也对 WTO 表明了观点。比如，肯尼亚认为，国际反垄断体系的建立是为发展中国家相对较强的企业“剪掉翅膀（clipping the wings）”，这样它们就不能与发达国家的大企业进行竞争了。[①]因此，肯尼亚建议任何反垄断政策的多边协议都应该包括针对跨国公司行为的条款。[②]肯尼亚还代表非洲国家强调，包括主动执行反垄断法律和政策在内的现存的国家层次的反垄断体系和反垄断法律与政策的机构设计并不适用于非洲。由此，肯尼亚建议 WTO 工作组继续其教育、开发和分析的工作，以此为发展中国家提供更多的技术援助。[③]南非也建议着手开展全面的教育过程，以满足发展中国家在为 WTO 的新一轮磋商作准备时的巨大的分析需求。[④]南非认为这一教育过程对 WTO 协商反垄断政策的多边规则是必不可少的。现实的情况是发展中国家在协商的筹备过程中并没有得到同等的机会，也就是说发展中国家并没有与发达国家站在同一起跑线上，也就不能期望他们表现出良好的水平。南非特别强调应该对多边反垄断规则的优缺点进行进一步的分析，并且明确表示最好能由联合国贸易与发展会议（UNCTAD）和世界银行提供

---

① Communications from Kenya, WT/GC/W/233 5 July 1999, ibid.

② P. Muchlinski, “A Case of Czech Beer”, *Competition and Competitiveness in the Traditional Economies*, 1996 (59) , p.658.

③ Communications from Kenya on behalf of the African Group, WT/GC/W/300 6August 1999, available at http: //www. wto. org.

④ Communications from the Republic of South Africa, WT/WGTCP/W/138 11 October1999, ibid.

一些协助。根据南非的观点，这种技术协助不仅包括以往对反垄断法律的制定和执行等方面的传统援助，还应该包括对预期收益的严谨的评估并能为拥有国际反垄断规则的发展中国家提供一些启示。为了确保良好的效果，南非建议这次教育工程至少应该持续两年，资源提供方式应该更具实际意义，这样才能为发展中国家参加正式的反垄断政策多边协议谈判提供帮助。

出于保护发展中国家的特殊考虑，一些经济状况相对较好的国家也有特别提及。挪威曾经支持在 WTO 内通过协商建立反垄断政策的多边框架，协商反垄断目标、核心原则、争端解决程序、对国际合作的促进等问题。其特别强调，协商应通过安排过渡期和提供技术援助来重点关注那些处于不同发展阶段的不同国家的特殊需要。[①]土耳其也强调了 WTO 未来的工作应该着眼于促进各方达成一致意见，反垄断规则的多边框架应包括过渡期的条款，这样处于不同发展阶段的成员国可以遵守并坚持自身的承诺。

二、经济合作与发展组织

经济合作与发展组织（OECD）是长期致力于竞争规则多边协调工作的重要组织。与其他多边国际组织相比，OECD 在一些敏感议题[②]上取得了很多实质性的突破，尽管最终成果大多采取不具约束力的建议形式，但仍对国际经济贸易实践产生重大影响。从最终成果的针对性和影响力来看，OECD 已经在反垄断政策国际化的进程中发挥主导作用。其不但已经成为反垄断体系中各个国家进行协商的主体，而且还为许多计划在其国内法律系统中建立反垄断法律和政策的国家提供技术援助。[③]尤其是 OECD 对许多希望改进本国反垄断判决机制的反垄断机构的法官和官员都有很大的帮助。

OECD 已经就更本质的问题提出了非约束性的建议，例如 1986 年的一系列建议、1995 年关于各国反垄断机构的国际合作的建议，以及 1998

---

① Communications from Norway, WT/GC/W/310 7 September 1999, ibid.

② 包括环境、农业、技术、税收、投资和竞争等议题。

③ For a fuller description of the OECD' s activities in antitrust policy, see P. Iloyd, K. Vautier, *Promoting Competition in Global Markets: a Multi-National Approach*, Cheltenham: Edward Elgar, 1999, pp. 131-8.

年处理核心卡特尔的建议[①]。

OECD 积极促进成员国的软协调。OECD 包括了大多数的发达国家，由此可以设想在反垄断政策方面更具实质性的协调将会促成反垄断政策的国际化。尽管 OECD 在这方面作了许多贡献，但是它在制度上仍然存在限制。这就限制了其在发展反垄断政策的国际方法上发挥更大的作用。而且，许多非成员国将 OECD 当成更多地为发达国家服务的组织。以上这些方面加之其他一些因素，如协商建立多边投资协议（MAI）的失败等，都使一些国家对 OECD 为实现反垄断政策国际化进行协商和达成国际协议的协调能力产生质疑。尽管还有这样或那样的局限性，但是 OECD 在有关反垄断和贸易政策的许多领域中仍然具有丰富的经验。OECD 的贡献是非常有价值的，其目前与世界银行等其他国际组织共同设计的集体反垄断计划更是具有相当重要的意义。另外，OECD 的一些委员会对于反垄断政策的规划提供了较大的帮助：

1. 竞争法律政策委员（CLP）

CLP 由 OECD 的 29 个成员国的反垄断机构代表组成，其目标是促进各国反垄断机构达成一致意见，促进各方合作，[②]通过各国反垄断机构官员之间的会议的形式展开。其对相关国家反垄断法律的协调起到了关键的促进作用。通过发布常规报告和组织讨论，CLP 为 OECD 大家庭提供了将各方对反垄断政策的理解拉近的机会。

2. 贸易和竞争联合体（JGTC）

JGTC 与 CLP 采取的是不同的策略。它特别注重增进成员国对反垄断和贸易政策的重叠部分的理解。为了这个目的，JGTC 已经发布了若干报告，[③]主要针对现存的国内反垄断法律体系内，法律和管制的豁免以及法律与管制之间的关系。JGTC 也组织由反垄断实施机构的官员和贸易政策制定者参加的会议，并努力促进与反垄断和贸易政策制定机构利益相关的框架的建立。

三、联合国贸易与发展会议

1973 年，联合国贸易和发展会议（United Nations Conference on Trade

① http: //www.oecd.org.
② http: //www.oecd.org/daf/clp/COMMTE.htm.
③ Ibid.

and Development，UNCTAD）在发展中国家的督促下开始就限制性商业行为的控制问题进行协商。8 年之后，联合国大会采用了 UNCTAD《关于多边协定原则和限制性商业惯例控制规则的集合》（*Set of Multilaterally Agreed Principles and Rules for the Control of Restrictive Business Practices*）。它旨在通过保护发展中国家免受跨国公司限制性商业行为的侵害来确保其优惠待遇，还指出各国应该改进针对限制性商业行为的相关法律，并且应该与受到限制性商业行为不利影响的国家的管制机构开展磋商与合作。同时，此惯例集合还要求跨国公司应尊重其所在国家针对限制性商业行为出台的法律。事实上，这一惯例集合是目前反垄断政策领域仅有的一项全面多边协议。尽管已经迈出了重要一步，但是它仍然是自主行为的结果，没有约束力，而且未被视为国际公法的来源。因此，UNCTAD 目前必须发展成为处理反垄断政策问题的动态主体。

2000 年 9 月，针对此惯例集合召开的第 4 次联合国会议通过了反垄断政策领域的一项决议。决议特别针对反垄断机构之间的合作问题，并强调双边协定的重要性。决议表明就小国家和发展中国家而言尤其应提高地区反垄断与多边反垄断的主动性。决议还希望 UNCTAD 秘书长尝试开创一个在此惯例集合基础上的反垄断法律和政策的合作协议范本。

决议的通过说明目前时机更加成熟，已经超越了前面提到的单个及特定的反垄断机构之间的双边合作的临界点，决议还说明在国际反垄断问题的讨论中吸收进更多的反垄断机构可以补充和强化双边及多边主动性。UNCTAD 研究的另一个重要意义在于，其重视考察反竞争行为对贫困和发展中国家带来的影响，以及这种影响如何遏制发展机遇与阻碍竞争力的提高。在经济全球化日益深化的情况下，发展中国家的反垄断问题已经跨越了国界，不但是 UNCTAD 的关注对象，也是发达国家不能忽视的问题。这是 UNCTAD 对于发展中国家的研究能够获得广泛关注的原因。根据 UNCTAD 的研究，反垄断意识的培养对于国家和国际反垄断法的实效至关重要，应当着重培养发展中国家的反垄断意识。反垄断法能够帮助发展中国家减小因限制竞争行为而导致的经济成本增加、效率降低以及国家全球经济竞争力的下降。

第五章　反垄断法多边协作机制之构建

从各国的国际协作尝试来看，解决反垄断法国际冲突的方法吸引了大量的注意力，在这一问题没有得到妥善的解决以前，关于它的创新尝试和研究还将继续。究竟如何解决国际法律冲突？一般认为有两种常见的方法。一是使全球不同的反垄断体系最终实现实质性的统一，二是构建全球性的反垄断法多边协作机制。从反垄断法的历史和现状来看，两种目标都是短期内无法实现的。但从长远来看，两者均为化解反垄断法国际冲突的努力方向，且相互之间并行不悖。建立反垄断法多边协作机制是实现不同反垄断法体系归于统一的有益力量；全球反垄断法律体系的趋同又能够加速反垄断法多边协作机制的构建进程。在考虑到这种互动关系的前提下，本章将以反垄断法多边协作机制构建为基点，讨论反垄断法国际冲突的解决之道。

第一节　构建反垄断法多边协作机制的障碍与动力

反垄断法的国际化进程早已经开始，在整个20世纪，反垄断法的国际化进程取得了不同层面、不同深度的各种协作成果。但是这些成果迄今没有机制化，甚至没有常态化。当然，这与反垄断法的国际化进程注定是个漫长的过程有关。但这并不代表对于反垄断法更高层次的国际化发展没有研究的必要。相反，我们处于对这一问题的协商和思考的过程当中，正朝着这个方向努力，以期最终构建一个具有全球影响力的反垄断法多边协作机制。

而在努力的过程中，我们必须面对反垄断法国际化进程当中的一些问题，比如，反垄断法本身理论依据的不确定性将对反垄断法国际协作机制的目标产生什么样的影响？各国竞争文化的差异性如何在反垄断法国际化的进程中得到适宜的考虑？跨国反垄断规制的复杂性如何在反垄断法国际化进程中被剥离与整合？此类问题与任何回答本身都可能构成反垄断法多边协作机制的障碍或者动力，协作参与者的态度也许要比理性地看待此类问题的角度更为重要。因为与其他多边协作机制（比如WTO）的情况一样，多元的利益考量才是机制构建与运行的最终障碍或者动力。

针对反垄断法本身的特性，构建反垄断法多边协作机制的多元利益相关方至少包括国家、企业和消费者。前文已经对主权国家在反垄断法国际化进程中的尝试与成果进行了考察，但在反垄断法的国际化进程中，主权国家并不是反垄断政策国际化中唯一的行为人，除此之外还有许多自上而下的其他影响因素。在较高层面，有地区组织或国际组织，如欧盟、世界贸易组织、经济合作与发展组织等。另一方面，在较低层面也有同样关键的力量。其中之一就是企业，其在反垄断政策国际化中发挥着越来越重要的作用。因此，在考虑反垄断政策国际化的发展方向时，我们必须同时关注对国际政治力量以及企业的作用。一些评论家指出这一点之所以在以往的文献中没有得到足够的重视，部分是由于反垄断政策国际化是一种新现象，但更可能的原因是法学家和经济学家并不想涉足这个话题。[①]另外，作为与企业利益相对立的利益群体，消费者的利益考量也是必须的。

一、主权国家的思维定式与理性化

如果以国家在国际社会中的作用以及在伴随反垄断政策国际化进程产生的国际反垄断体系中国家所发挥的作用为标准，可以将国家分为不同的类别。其最典型的思想差异可以概括为：现实主义（Realism）和新理性主义（Neorationalism）。

现实主义观点认为，反垄断法国际化和反垄断法多边协作机制的构建，是一种将特定的规则和标准强加给主权国家的进程努力，其不符合国家的利益与权力，[②]因而是无意义且不合理的。现实主义对此作了两点解释：一种是国家间不太可能针对国际反垄断体系建立合作，特别是当国家为了支持系统中的自治机构不得不限制自己的主权时；另一方面，假设国家决定限制国际反垄断体系内规则的效果，从而促进合作，那么

---

① C.Doern, *Competition Policy Decision Processes in the European Community and United Kingdom*, Ottawa: Carleton University Press, 1992, p. 67.

② For a detailed account on Realism see R. Wellek, *The Concept of Realism in Literary Scholarship,* Groningen: J. B. Wolters, 1961; M. Car T B, *Realists and Normalists*, OxfordUniversity Press, 1964.

法院和反垄断机构出于主权的考虑也不会使用国际反垄断体系的法律。现实主义的观点主张国家政治应高于国际反垄断法，并且强调主权国家进入国际反垄断体系后会受到很多局限，这样国家在系统的自治机构内将失去主权的保护。现实主义并没有强调自治机构在系统内发挥的重要作用。由此可以看出，自治机构在其中只起到非常微小的作用。

现实主义的论述表明反垄断政策国际化和反垄断国际系统中自治机构的重要性和有效性，都是以主权国家至高无上的权力为现实前提的。然而，新理性主义认为存在国家间合作的空间和多边协作自治机构存在的意义，但是前提是主权国家须通过理性选择为建立国际反垄断体系进行合作。

新理性主义者主张国际反垄断体系中的自治机构事实上并不能将它的规则和标准强加给主权国家、各国的反垄断机构或法庭，尽管这些国家是该系统的一部分。国家间在建立国际反垄断体系时的合作范围以及自治机构在系统中发挥作用的能力并不自然而然地取决于国家合作的义务或这些机构享有的自治权力或自由。主权国家与自治机构在建立国际反垄断体系方面进行合作，以及接受这些机构的规则和标准都表明主权国家的行为是理性的。这样，与国际社会中无系统的反垄断政策可能带来的潜在利益相比，主权国家将可以享有通过合作和遵从规则与标准而带来的好处。新理性主义认为建立国际反垄断体系和向多边协作自治机构转移一些权力是符合主权国家自身利益的。这就可以避免卷入加入双边协议可能带来的国家之间的争端。

发展中国家的态度转变一定程度体现了这两种思想的影响力的消长。起初，发展中国家多对反垄断法多边协作持怀疑的，甚至是排斥的态度。但现在越来越多的发展中国家意识到反垄断法多边协作对它们本身的重要性。例如，泰国政府认为，发达国家相互有反垄断执法的援助，这种援助的后果可能导致国际卡特尔活动更多地转移到反垄断法和竞争政策不健全的国家。国际钢铁卡特尔已经在发展中国家存在了十多年，但是至今也没有受到法律追究。哥伦比亚政府则指出，因为资金缺乏，该国的反垄断法主管机构不能在关于统一的市场分析中和对限制竞争案件的调查中使用现代信息技术。他们从这个意义上也希望扩大国际合作。[①]

---

① 王晓晔、陶正华:《WTO的竞争政策及其对中国的影响——兼论制定反垄断法的意义》，载《中国社会科学》2003年第5期，第41页。

根据世界银行的统计，发展中国家将近6.7%的进口贸易受到了国际卡特尔的不利影响。而且以上数据还仅根据在美国和欧洲市场上被发现的国际卡特尔作出的。另外，跨国公司限制竞争的一个重要手段是限制技术转让，特别是限制向发展中国家转让新技术。对于这种兼有政府因素和企业因素的限制竞争行为，最恰当的方式也是通过国际协定来解决。发展中国家如果单凭自己的力量往往会处于弱势。在跨国巨型合并等问题上也存在类似的情况。发展中国家正在越来越多地认识到更加积极地参与国际反垄断法协作会更有利于维护本国的经济利益和经济安全。

二、企业需求的两面性

私人经济势力是国际政治经济研究和国内政策制定需要关注的一项重要内容。一方面，企业的势力有很强的影响，简单且直接的原因是它们在促进国家（特别是发达国家）的经济繁荣中起到了重要的作用。另一方面，它们在政治上的游说能力也使其自身拥有获得政治势力的机会。跨国公司的经济势力还可以从市场全球化的角度来看。跨国公司是决定反垄断政策国际化程度的一个关键因素。企业在国家反垄断法律的发展制定上总是起到重要的作用，但是这种法律却往往包括可能限制企业行为自由的条款，特别是当市场竞争遭到破坏的时候。

目前，在激烈的全球化进程中，人们还没有搞清哪些特殊的产业部门或关键的跨国公司将支持或抵制反垄断政策国际化。商业咨询组是OECD和欧盟反垄断政策网络中的一部分，[①]因此，尽管是以一种比较有局限性的方式参与，但是企业还是可以经常在上述组织内部发表观点。[②]另外，我们可以推测，在众多部门中，由于电子商务部门自身的特点，它将对支持反垄断政策国际化特别感兴趣。[③]因此，或许我们应该更多地了解企业对反垄断政策国际化有哪些需要。在此之前，我们通过分析企业所关心的一些反垄断法律问题来总结企业对于反垄断法国际化及反垄断法多边协作机制构建的态度。

首先，企业希望反垄断机构在处理和裁决反垄断案例时可以保持一致性。由于商业运作的跨国界发展趋势，企业的活动会受多于一个国家的反垄断机构的管辖。国家反垄断制度在全球范围内逐渐推广，越来越

---

① 详见《竞争当局网络合作准则》。

② See http: //www. oecd. org.

③ For a good account of this issue see the ICPAC, pp. 287-92.

多的国家反垄断机构可能介入到同一个商业活动中[①]。同样可能的情况是这些机构会对同一行为做出彼此冲突的裁决，或者得出不同的结论[②]。商业界并非注意是否有多个国家的反垄断机构对同一活动实施管辖权，他们关注的是这些机构可能会得出不一致的意见。我们注意到在上文提到的一些案例中，由于受相关市场结构和集中度水平等因素的影响，得出彼此冲突的结论可能是不可避免的，而且不同的反垄断机构采取的法律标准也不同，这也造成了不一致性。[③]国际垄断案的当事国最少是两个，在案件的调查过程中必然需要各个当事国的协助，需要各国提供与案件有关的信息。但是，受到国家机密原则的限制，关于垄断案件的信息的收集是很有限的。即使国际立法在这方面有所规定，有关公司也不愿意泄露敏感的信息。国际反垄断法的执行最终得依靠各国政府的权力来执行，政府在执行权力时不可避免地具有选择性，这就使得国际反垄断法在各国的执行有很大的差异。另外，相同的法律在不同的国家有不同的解释，导致法律标准有很大的分歧，执行的结果会更有差异。由于各国的自我利益与全球反垄断最优政策的固有差异，即使在多边协定或国际反垄断立法上达成一致，但是在执行国际反垄断法时也会因其本国利益有所动摇。另外一个问题是，有的国家的执行体制存在不一致现象。例如在美国，在特殊的产业上允许各州不执行联邦的反托拉斯法，这样的规定明显对别国产生不利。

其次，反垄断法政治地位差异带来的国际冲突比多个反垄断机构介入同一案例并且得出不一致结论更严重。因为反垄断法政治地位的不同可能导致相关国家的国际冲突，特别是在产业政策方面。企业通常担心被卷入这种冲突中。在冲突中，产业政策和其他政策通常会压制反垄断法的实施。而在反垄断法与国家政策之间的定位取得一致，或者说反垄断法的政治地位得到了某种保护的情况下，这种冲突将会得到有效的控制。

再次，反垄断法律程序差异是企业关心的一大焦点，因为其不但会

---

① The Exxon/Mobile operation was notified in no fewer than twenty jurisdictions. For acomment on this issue see A. Frederickson, “A Strategic Approach to Multi-Jurisdictional Filings”, *European Counse*, 1999 (4) , p. l 23.

② Shell/Montedisoh Commission Decision, OJ 1994 No. L332/48; also Boeing/McDonnell Douglas, OJ 1997 No. 1336/16.

③ D. Wood , R. Whish, *Merger Cases in the Real World, a Study of Merger Control Procedures*, OECD, Paris, 1994.

带来更多的经济负担，还可能造成无法负担的时间成本。企业十分关心不同反垄断机构做出裁决的时间长短，因为拖延时间可能会损害企业的利益，特别是在兼并案例中。因此，我们可以理解为什么企业希望得到反垄断机构的快速裁决，我们仅仅从欧盟和美国的兼并案例的审查中就可能推断出企业对此问题的关心。[①]而且，程序的差异还造成企业为了服从不同国家的法律而产生额外的负担和支出。

最后，企业通常会担心一个反垄断机构可能会将企业的保密信息转交给其他机构，后者可以使用这些信息从事经济间谍活动。还有一个担心是信息被移交给具有起诉权的司法主体。这种活动被看作“离群的野象”，因为这些私人领域在保密方面是不受反垄断机构管制的，例如违背信用的行为。这样就会存在机密信息被泄露给其他企业和个人的危险。

从以上企业所关注的焦点问题中我们可以看到，作为反垄断法所规制的主要对象，企业存在反垄断法国际化的商业需求。但同时，这些潜在的需求时常被以对与反垄断法国际化的担忧为表达。因此，要激发企业对于反垄断法国际化，乃至最终建立反垄断法多边协作机制的积极性，反垄断法国际化进程对于企业需求的慎重考虑，而不是一味的谋求限制企业的行为，或者对企业的需求附带于主权国家的管理进行考虑，是至关重要的。比如，从反垄断法多边协作机制的构建职能上讲，设置企业或者企业团体以非政府组织的形式参与协商、决策的平台和程序。

三、消费者观点的导向性

人们相信如果可以在所有市场推行反垄断政策，那么消费者将会在全球经济中实现利益最大化，因为全球化的视角可以更好地评价企业国际运作的正面或负面影响。近些年来，OECD、世界银行、WTO 和国际消费者协会（Consumers International）[②]等重要的国际组织都对消费者在全球市场的利益问题给予了特别的关注，并提出方案，以保护消费者利益。各个组织，尤其是 WTO 和 OECD，已经达成了明确的共识，那就是全球性的反垄断规则将提高消费者在全球市场中的福利水平。OECD 和 WTO 都号召各国在制定反垄断和贸易政策时更多地考虑消费者的利益，

① J. Griffin, “Extraterritoriality in US and EU Antitrust Enforcement”, *Antitrust Law Journal*, 1999 (67) , p. 159.

② Http: //www. consumersinternational. org.

特别应考虑境外消费者的利益。[①]

除了以上对全球反垄断规则的争论外，近来类似于全球化与自由贸易问题的争论也被应用于全球化与消费者的关系上。全球化是否有利于消费者的争论不知是否会带来 WTO 与贸易自由化导致的私人群体激烈支持或反对的现象。下面我们就分别看看支持和反对的观点。

前者假设市场是竞争的，其中的市场既包括发展中国家的市场也包括转型国家的市场。支持全球化的人士认为自由化可以使消费者受益。另一方面，反对全球化的人却持有不同观点，他们认为自由化将起到相反的作用，例如可能导致破坏性的垄断。无论两个阵营的观点各自看起来多么令人信服，它们都属于新功能主义理论的适用范围，或者说只能代表舆论或者更强大的有关组织对于消费者观点的不同导向。因此，就消费者利益而言，支持或反对全球化的不同观点间的争议如果能够进一步具体化，落足于国家对国家或行业对行业的方式加以解决，消费者观点将具有更强的说服力。

第二节 构建反垄断法多边协作机制的路径选择

显然，构建反垄断法多边协作机制不是一件能够在短期内实现的工作。而这项工作也并不具有相当的紧迫性，因此，我们得以在相当广泛、灵活的空间内进行路径选择。

一、现存国内反垄断法模式的泛化

在讨论这一模式选择的具体路径之前，有必要看到一个重要的事实，即各国反垄断法正在努力趋同。各国反垄断法所调整的法律关系所具有的相似性与可比性，以及经济全球化的需要，正在促使各国反垄断法向趋同的方向发展。关键是谁向谁趋同的问题。一般来说，是向经济成功的国家趋同，向反垄断法比较成熟的国家趋同。例如，日本反垄断法与澳大利亚反垄断法是以美国反托拉斯法为蓝本制定的；欧共体反垄断法与美国的反托拉斯法互有影响。在欧共体内部，成员国（以及拟加入欧共体的国家）纷纷制定或修改反垄断法，向欧共体反垄断法靠拢。一些

① *New Dimensions of Market Access in Clobalizing World Economy*, OECD, Paris, p.254; *WTO Annual Report* 1997, p.75.

以前尚未制定反垄断法的国家近年来参照国际上其他国家的反垄断法制定其本国反垄断法。反垄断法发展的历史表明，世界各国的反垄断法正在朝趋同化的道路上迈进，这毫无疑问可以增加各国的共识，减少彼此的分歧与摩擦。

在这一前提下，可以做出如下设想：首先，在法律趋同的基础上更容易进行协商、妥协，反垄断法国际化的进程将会加快。其次，当法律趋同达到一定的深度时，国与国之间的反垄断法多边协作机制将会成为一个自然衍生物。或者说当今反垄断法国际冲突的激烈正是由于现存的反垄断法律模式差异过大造成的。再次，基于以上认识，在各国反垄断法趋同，亦即反垄断法国际化深度尚未到达形成反垄断法多边协作机制的过程中，国际组织及其示范法、原则、规则可以起到推动反垄断法趋同进程的作用，但不是构建反垄断法多边协作机制的最主要推进力。因此，国际组织的工作重点应该放在推动各国反垄断法的趋同上面，而不是依照自身的组织特点构建新的垄断规制规则或将反垄断问题融合到自身的组织框架当中。

要实现这一路径设想，最关键的问题是，目前的国内反垄断法模式中，谁是泛化的中心，以及这一模式能否实现全球泛化。

毫无疑问，现今世界最为强大的反垄断法模式为美国模式和欧盟模式。我们可以预料到反垄断政策国际化以及国际反垄断体系的建立最终将决定于欧盟和美国对此事的态度。但正如两者对于反垄断法国际化进程的矛盾看法，欧盟与美国的反垄断立法和实施制度存在显著的差异性。本文前面的内容已对这种差异性，以及这些差异对反垄断法国际化的影响有所涉及。此外，欧盟和美国推行的不同经济政策起到了加剧这种影响的作用。

在欧盟和美国对反垄断法国际化与现存有关国际组织的关系问题争论不休时，其自身反垄断法体系的泛化作用也在不断进行。欧盟向国际社会提出了一个设想，这一设想在某种程度上以建立一个单一的国际市场为基础。为了实现这一设想，欧盟成员国正在逐步将欧盟的反垄断法融合进本国的反垄断法，以促使欧盟的主要经济活动摆脱必须符合多个不同的反垄断法标准这一负担。另一方面，中欧、东欧国家也已经采取行动使自身的反垄断法更接近欧盟反垄断法。

在国际反垄断形势中，欧盟和美国的反垄断体系的地位已经越来越重要，而这也保证了两个系统在国际社会中的影响力，可能目前天平更倾向于欧盟的反垄断体系。[①]欧盟和美国都在努力促使各国按照欧盟或美国的模式在自身的法律体系内建立反垄断体系。有些国家已经表示将依据欧盟反垄断法模式制定本国的反垄断法，这其中包括大部分中欧、东欧国家。[②]另外一些国家在制定反垄断法时采用的是美国模式而不是欧盟模式，例如墨西哥。北美自由贸易协定（NAFTA）的成员国都必须采取措施以禁止和对抗企业的反竞争行为[③]，墨西哥的反垄断法是其作为NAFTA成员国开放本国经济的内容之一。不同于以上两种极端的形式，一些国家采用将欧盟和美国反垄断法相结合的方式。例如，加拿大反垄断法在打击滥用市场支配地位方面与欧盟类似，在兼并、横向和纵向协议方面与美国反垄断法类似。[④]此类型的国家还包括：澳大利亚、新西兰、阿根廷、哥伦比亚、委内瑞拉和巴西。

但是，除了以上的几类国家，我们也必须看到，还有一种独立的类型，他们通常是一些发展中国家。他们既不采用欧盟模式也不采用美国模式，因为他们担心反垄断法成为发达国家对欠发达国家进行经济控制的工具。但是，如前所述，这些国家还是希望对反竞争行为施加足够的控制，因为一旦消除了贸易和投资在全球经济中进行流动的障碍，就可能给这些国家带来风险，另外他们可能受制于其他国家反垄断法的域外管辖权。这些国家坚持“独立”的思想正在改变。因此，从上面的分析可以看到国际反垄断法中心化与泛化的可能和趋势。而这正是通过国内反垄断法模式泛化实现反垄断法多边国际协调以及最终建立有效机制的基础。

同时，我们还注意到，作为反垄断法国内体系外溢泛化的中心，欧盟和美国都没有放弃与现存的国际组织合作，利用国际组织平台实现反垄断法的国际化的尝试。比如，美国国际竞争政策顾问委员会（ICPAC）[⑤]推

---

① S. Singham, “US and European Models Shaping Latin American Competition Law”, *Global Competition Review*, 1998, p.15.

② M. Ojala, *The Competition Law of Central and Eastern Europe*, London: Sweet & Maxwell, 1999. P, 121.

③ Article 1501 (1) of NAFTA.

④ The Canada Competition Bureau’s website, http: //www.stratigic.ic.gc.ca/competetion.

⑤ 在司法部部长 Janet Reno 和反垄断部助理部长 Joel I. Klein 的倡导下，美国司法部成立了国际竞争政策咨询委员会，主要负责跨国兼并案件评议、贸易与竞争政策关系的研究以及美国和其他国家反垄断法协作的方式等。2000 年 2 月，该委员会递交了 ICPAC 最终报告，报告的重要内容就是倡导成立世界竞争网络（ICN）。ICN 最终于 2001 年 10 月 25 日在美国纽约正式成立。

动成立国际竞争网络（ICN）以后，欧盟也加入了ICN，并积极参与到了ICN当中。2003年11月，欧盟竞争委员蒙蒂来华期间，还积极鼓励中国参与到ICN当中。①双方就WTO体系下解决反垄断法国际冲突的意见分歧也在缩小。从这个角度讲，国内反垄断法模式泛化与下文即将提到的构建反垄断法多边协作机制路径并不存在矛盾，而是可以就不同的反垄断法国际协作问题侧重点实现并存与互补（详见下文）。

二、反垄断问题与国际组织协作平台的融合

如前所述，不同组织都已经在各种程度上提高了对反垄断政策国际化的重视。全球各国的反垄断机构都在探寻下一步应该做的工作。到目前为止，他们的成果还没有缩小到某一具体问题或专门针对某一机构团体的范畴。但其中仍不乏反垄断法多边协作机制可以借鉴的方式和被负载的平台。最可取的办法还是在目前的WTO，OECD和UNCTAD等国际组织所开展的工作的基础上，进一步深化反垄断政策国际化，毕竟这些组织已经对反垄断政策进行了全面的规划。一些团体甚至更进一步地提出与现有的国际组织进行合作，从而建立新的组织，使政府官员、私有企业、非政府组织和其他相关各方都可以对反垄断法和反垄断政策等相关问题进行商讨。这一提议是由美国国际竞争政策顾问委员会（ICPAC）在2000年提出的，并将其命名为"反垄断全球倡议（global antitrust initiative）"。ICPAC建议该组织应该同时向发达国家和发展中国家敞开大门，全面地涉及反垄断领域的问题，并且热心关注私人、非政府组织和其他相关群体。

"反垄断全球倡议"的提出意味着有必要纠正目前反垄断政策国际化的方向。由于目前所有处理反垄断政策的国际组织都在某种程度上受到限制，所以人们才考虑到需要进行方向的纠正。WTO和OECD的情况就很好地反映了这一点。

（一）WTO

WTO在推进反垄断政策国际化中发挥着主导作用，但它也面临着一些限制。很明显的一点就是WTO虽然具有广泛的会员基础，但是处理的

---

①《欧盟和中国签署有关竞争政策文件》，http://www.qdsi.gov.cn/news/shownews.asp?id=34.

却是政府贸易限制问题。这是一个很严重的限制，因为并非所有的反垄断问题和贸易政策问题都是有意义的。国际竞争政策顾问委员会也反映了美国的观点。首先，它提出 WTO 传统的协商规则是化解分歧，这种方式并不适合处理反垄断政策问题，因为这些问题应该从更广泛的视角并且以更开放的方式进行讨论；其次，只有很少一部分反垄断问题可以在成员国达成限制性承诺的国际组织中得到解决。因此，国际竞争政策顾问委员会认为 WTO 涉及反垄断政策问题是不合适的。

但是，针对将反垄断法融入到 WTO 体系当中，也有其他的组织和国家提出了一些可供选择的做法。

1. 扩大现有的竞争条款

在 WTO 中已经包含了一些针对反竞争的条款，典型的内容是 GATS 中的第 VIII 条和第 IX 条，以及基础电信协议参考文本中有关保障措施的条款。这些规则高度抽象和广泛，在实践中基本没有被运用过，它们需要进一步具体化和具有可操作性，才能在实践中得到运用。但是，如果进一步具体化的话，就涉及条约的补充和修改问题。按照 WTO 协议的要求，如果要对协议进行修改和补充的话，就需要部长级会议协商一致通过，同时要求 2/3 以上成员接受。就目前的情况而言，如果有人反对接受新的有拘束力的条款的话，则这一条件很难达到。即使现有的竞争条款修改了，但是如果新的规则对各成员没有拘束力的话，也很难看到有什么实际的效果。

2. 减少贸易规则的反竞争效果

通过讨论贸易和竞争政策之间的关系，一些人认为，既然通过适用贸易政策尤其是贸易保护措施会产生严重的反竞争后果（特别是反倾销措施，尽管它是以公平竞争为名义的，但实质上是阻止竞争的），因此对贸易规则进行改良就可以了，不必达成多边的反垄断协议。但是，反倾销制度已经逐渐在为数不少的进口国取得了重要地位，要改变这一现状也并非一夕之功。更重要的是，上述改良意见仅仅存在于对反倾销制度持反对意见的群体中，并未在国际社会形成更广泛的共识，因此，上述改良意见实际不可能实施。另外，即使实施了上述改良意见，也并不能从根本上改变反垄断法国际多边协作机制缺失的现状。

3. 一般原则

由于许多国家制定了竞争法，这里的目的是要求他们首先以非歧视的态度执行他们自己国家的法律。正如欧盟已经提出的，在这个意义上讲，甚至没有必要再在 WTO 内制定统一的条款，只要非歧视的适用国内的竞争法就足够了。非歧视性本身就是反垄断法的特性，如果按照上述观点的说法，甚至在 WTO 框架下重申这一实施原则都并非必要。问题在于，现实的反垄断法实施过程中没有判断是否具有歧视性的标准或者第三方机构。再加上反垄断法不确定性的存在，是否“歧视”实际难以判断。因此，上述建议如果不辅之以相应的制度保障，单纯的原则重申并没有多大意义。

4. 达成一个共同的理解

许多人建议设立一个国际论坛来讨论竞争问题，这种论坛可以采用 WTO 下的诸边协议的模式，但没有拘束力。尽管这一建议已经被多次提出，但从 WTO 目前的决策模式和协议达成方式来看，诸边协议模式正在逐步淡出 WTO 的舞台。单就国际论坛的作用，国际竞争网络似乎已经做得更好。

5. 部门市场准入方式

采用部门市场准入方式，是 WTO 惯用的做法。但是，将这一做法适用于反垄断法领域实际是一种对非歧视原则的违背，其本质在于产业政策凌驾于反垄断政策。而且，许多国家，尤其是发展中国家认为，贸易政策与反垄断政策的目的和手段不尽相同，因此，这种将贸易政策嫁接于反垄断政策的做法既不会达到反垄断政策国际化的目的，还会限制主权国家的主权。

综上，不难发现将反垄断问题融合到 WTO 的国际协作平台之中存在的主要障碍正是 WTO 框架体制的障碍。虽然有关各方为解决反垄断法国际冲突的努力可圈可点，但其往往花费了大量的精力纠结于 WTO 的体制障碍，而不是实质性的反垄断法国际协作问题，这无异于花费大量的精力去舍本逐末。与其这样做，不如放弃 WTO 优越的平台资源，构建一个更加有益于解决反垄断法国际冲突的平台。另外，对于国际反垄断问题来说，以处理贸易问题为使命的 WTO 的平台资源并不优异的观点也大量存在。这也是 WTO 中的反垄断政策融合进程极为缓慢的另一个原因。

（二）OECD

同 WTO 一样，OECD 是处理反垄断政策国际化问题的重要组织，但是它也同样受制于自身的某些限制。如前文所述，OECD 关于反垄断政策国际化的问题都已经由 OECD 竞争法律政策委员会（CLP）以及贸易和竞争联合体（JGTC）进行了讨论，这将增进 OECD 成员国的反垄断政策之间、各国反垄断和贸易机构之间，以及成员国与非成员国的反垄断机构之间的联系。在所有的国际组织中，OECD 是唯一由成员国承诺建立反垄断政策的组织。这一点从 OECD 内各个委员会对反垄断政策进行的分析和政策研究就可以看出。关于这方面，CLP 的努力特别值得一提，因为它在成员国中发展了反垄断政策的"软协调"，并促进了对非成员国的技术援助。

但是 OECD 在规则制定和建立争端解决机制等方面几乎没有取得什么成功。这很显然是 OECD 的一个局限。但更重要的是，作为北约组织的经济对应体而创建的 OECD 只有 34 个成员国。有些国家或是已经建立反垄断体系或是正在筹备之中，但是却并不是 OECD 的成员国。另外，目前 OECD 所商讨的内容并不符合已经建立反垄断体系的非成员国的需要。因此，体制问题在 OECD 的平台下同样突出。

由于 WTO 和 OECD 都存在着一些局限性，我们就可以理解为什么对反垄断政策和它在全球经济中的地位需要新观点的启示。毫无疑问，这些组织的工作在目前和未来都是非常有价值的，扩大反垄断政策国际化的范围和推广反垄断政策国际化的工作更是具有重要意义。[①]但是，如果要使国际化进程得到应有的对待和适当的重视，目前还需继续提高机构的能力以及改善组织的内部机制。在这一工作尚未完成的情况下，反垄断法国际协作机制与组织现有体制的冲突将会非常棘手。

三、国际竞争网络

（一）机构概述

2001 年 10 月，由来自 14 个国家和地区的高官共同发起成立了国际竞争网络（International Competition Network，ICN），致力于为竞争当局提供一个保持日常联络和解决实践中竞争问题的专业而非正式的场所，其主要任务是通过对话加强国际合作和促进统一化。

---

① J. Shelton, *Competition Policy: What Chance for International Rules*, speech delivered at the Wilton Park Conference, available at http: //ww. oecd. org/daf/clp/speeches/JS-WILTO. htm.

ICN 的成员包括来自 96 个国家和地区的 107 个竞争执法机构，但与现存的任何反垄断国际组织没有结构性联系。ICN 每年召开年会，在竞争领域影响很大，美国司法部、美国联邦贸易委员会，以及欧盟委员会等各国竞争主管机关就其面临的问题进行交流并就竞争执法的国际合作问题进行对话。面对全球经济的新挑战，ICN 展示了全世界反垄断机构富有想象力的回应。由此可以说，ICN 是一个非常特别的组织。它只是一种虚拟网络，没有设置其他国际组织都有的固定秘书处，仅下设关于合并、资金、成员、能力建设与竞争政策、垄断行业中的反垄断、运作框架的六个问题的工作组。其研究项目的确立和工作计划的制定由专设的指导小组提议，经由包括发达国家和发展中国家在内的 ICN 成员国一致通过方可生效。此外，ICN 与 OECD，WTO，UNCTAD 等国际组织、反垄断经济和法律事务工作者、消费者协会以及学界保持密切合作，以求最大限度的丰富 ICN 的讨论。

这一组织成立以来，如此多的反垄断机构第一次汇聚在一起讨论和分享各自在国际反垄断方面遇到的困难和问题，成员国数量的增加是 ICN 不断发展的最明显的体现。因此，ICN 有能力遍及全球，尤其它还是面向项目的主体。但是更主要的是，这些因素促进了 ICN 在发达国家和发展中国家的反垄断机构之间建立一个更加强有力的网络。ICN 的目标及主要工作使其看起来很有发展前途。该组织宣称他们的活动会与其他组织的活动保持协调一致，这包括反垄断政策领域的国际组织，特别是 WTO，OECD 和 UNCTAD 等，以及私人领域的组织，如消费者组织、反垄断法律和学术的相关从业者组织等。ICN 从成立之初就关注两个重要的反垄断法国际协作问题：多管辖权兼并控制和竞争政策的倡导。而今，其关注的领域已经拓展到更为广泛的反垄断问题上。

ICN 寻求在不削弱成员国自主权的基础上，集中各国的竞争机构和专家就国际竞争问题进行讨论，通过讨论得出基本观点、看法，形成非强制性的建议，国际竞争网络不仅仅是一个多边论坛，从某种意义上说，还是一个国际竞争领域的多边合作平台。由于国际竞争网络在世界范围内积极推广网络的研究成果，这些成果被许多国家接受并转化成为国内的反垄断领域政策，这无异于在成员国之间产生一定的压力，所以尽管国际竞争网络的文件完全不具有约束力，但是通过几年的努力仍然取得了有效的成就。

国际竞争网络希望通过持久地合作，在网络各成员国之间达成基本的认识上的统一。虽然各国的国内的反垄断法之间存在一定的差异，比如在合并控制方面，欧盟的严重阻碍（impede）标准和美国的严重削弱（lessen）标准貌似不同，但正如前文所言，这两种标准最终追求的是同一目的，并没有什么实质性的区别。实践当中产生的问题往往不是两个地区的反垄断法的实质性差异，而是在评估事实上产生的分歧。美国和欧盟的反垄断当局采用不同的竞争理论来测试合并潜在的反垄断效果，因此，不同的机构得出不同的甚至是不相容的结果。如果对于跨国的垄断案件，各国的反垄断机构从一开始就能通力合作的话，那么这种情况就能够避免，比如在调查、交换证据材料方面的合作。①所以国际竞争网络强调加强各国竞争机构之间的交流合作，通过机构之间有体系的、持久的合作，各方就其各自的观点、掌握的数据和相关的解释进行及时的交流，从而在反垄断法的认识和判断上达成认识上的统一，这种认识上的统一有利于各国之间减少冲突。

（二）平台优势

与之前的国际机构相比，国际竞争网络在反垄断法的许多方面都有所提高，特别是在减少司法权冲突和提高效率方面，尽管还没有达到最佳的效果，但是其在这方面的努力值得期待。国际竞争网络的一个主要目标是通过系统地和持久地相互作用提高各国自愿合作的积极性。因此，在不侵害各国司法主权的基础上，各国的规则体系以及规则之间的重叠、共同的部分可以更加协调一致。在国际竞争网络中，认识上的统一以及各国之间相互的期望会促使在反垄断机构中出现一个普遍的“竞争文化”，出现一致的审查竞争政策标准，由此减少在竞争法律政策事务中可能产生的冲突。总体来说，通过竞争网络各成员国之间相互增进信任，不断地进行合作交流，从而推动各国之间的自愿合作。

国际竞争网络的最大的优势在于明显地加强了效率，有效地提高了程序上的统一性，特别是在控制合并这一问题上。即使在缺失统一的实质性规则的情况下，各国在程序性规则上达成一致也能显著地提高效率。各国的调查机构可以通过合作减少不必要的行政程序，从而减少行政费用。对于进行合并的公司而言，减少不必要的行政程序，会减少它们身上的重复性审查。在现行的体系之下，公司合并，特别是跨国的公司合

---

① [德] 乌尔里希·伊蒙伽:《合并控制在欧洲和德国的新发展》,田泽译，载《环球法律评论》2003 年第 6 期，第 15-19 页。

并，往往会涉及多个不同的国家，合并过程也要受到各国反垄断法律的牵制。所以竞争合并往往会面临着很高的交易费用。尽管由于缺少统一的实质性规则，即使在程序上达成一致的认识，也不能达到最佳的无交易费用的情况，但是其中的进步是显而易见的。

国际竞争网络在效率上的优势还表现在其分散的结构上，国际竞争网络的结构比较分散，没有庞大的行政机构，这就避免了由于行政机构过于庞大而产生的效率低下等问题，另外这种分散的形式不会产生超国家的力量，不会影响到成员国的主权，也不会侵犯到区域和地方的特殊制度，可以对新的情况作出迅速的反应，从而提供一个高效的工作环境，这也是国际竞争网络不断壮大的原因之一。

但是与 WTO 的解决方式相比，国际竞争网络没有良好的争端解决程序、有约束力的法律体系，它更多地依赖于非正式的机制，这种机制的发展可能会非常有效率，也容易形同虚设，但这主要和 ICN 机制下的具体工作成果的科学性有关。至少从现在的情形来看，ICN 的运行实效是良好的。在这一前提下，与 WTO 与 OECD 相比，ICN 具有自己的优势：其灵活的体制结构和广泛范围内的参与者。因此，尽管 ICN 没有 WTO 耀眼的争端解决皇冠，没有 OECD 更加长远的历史和积淀，但却不失为一种可供选择的反垄断法多边协作机制构建路径。

综上所述，可供选择的构建反垄断法多边协作机制路径主要依靠国内反垄断法自身的发展生命力和国际组织的推动力。其中，国内反垄断模式的泛化存在现实的基础和发展的趋势，但这一过程十分漫长，不能解决当前存在的反垄断法国际冲突问题。而以 WTO 和 OECD 为代表的传统反垄断法国际组织在接纳反垄断法多边协作机制的方式上又存在难以逾越的体制障碍。因此，新兴的国际竞争网络在构建反垄断法多边协作机制的路径选择当中的优势凸显。

第三节　反垄断法多边协作机制的构建

1993 年，由 12 位专家学者组成的慕尼黑小组（Munich Group）提议制定有实质性原则的多边反垄断法案，并由自治的国际反垄断机构执行。[①]

① International Antitrust Code Working Group, Draft International Code as a GATT-MTO Plurilateral Trade Agreement.

该小组提出建立最低标准，这种标准可以被纳入到 WTO 中，并且由各国反垄断机构予以执行。该小组还建议，一旦发生争端，双方就应听从于国际反垄断专家组的意见，这种争端解决机制构成了更广泛的争端解决机制的重要一环。最低标准包括以下内容：反垄断法的特殊原则、国民待遇、独立机构对法律执行的监管（独立机构有权要求本国法院和反垄断机构开展调查和解决政府之间的争端）。

在超国家水平上也存在许多类似的建议，其中之一是建立与国家反垄断体系类似的国际反垄断体系。这个想法源自 WTO 反垄断体系的结构特点。在此框架下，WTO 将创建一系列带有争端解决机制的规则。规则将要求各国在本国的法律体系中引入反垄断法。另一个针对 WTO 的建议是既发展反垄断法的程序法，又发展实体法。[①]OECD 和世界银行在过去的 3 年里尝试成立了“全球公司治理论坛（Global Corporate Governance Forum），OECD 还发展了一套公司治理的“最佳行动”原则以完善与世界银行的联合项目。

但这些实质性原则和机构设置的建议似乎说明这样一个问题：人们已经意识到各国可能有意愿就反垄断政策国际化展开合作，但却并没有准备接受国际公法中实质性条款的约束。如前所述，在约束性法律的框架之外发展多边协作机制是可能的。我们之前提到的由 ICPAC 发起的 ICN 的建立，其前提是国家可以扩展就全球反垄断政策进行合作的范围，并可以促进协调与一致。国家并不希望在限制性商业行为的所有领域都受到约束。在有些情况下，国家更希望通过协商并依照非约束性原则达成一致意见。因此，在反垄断法国际多边协作机制的构建当中，对这种现状必须予以考虑。

一、基本原则

虽然我们认为 WTO 也许并不是最合适的反垄断法国际多边协作机制构建平台，但是，WTO 所获得的成功依然为我们带来了可供借鉴的其他经验。在以下关于反垄断法多边协作机制原则的设想中，WTO 的一些做法将为我们提供有益的借鉴。

---

① The suggestion by J. Shelton, former Deputy Secretary-General of the OECD, made in 1999, http: //www. oecd. org.

（一）非歧视原则

非歧视原则包括国民待遇原则与最惠国待遇原则。最惠国待遇原则是授予国给予受惠国或与之有确定关系的人或事的待遇不低于授予第三国或与之有同等确定关系的人或事的待遇。实施最惠国待遇可以消减国家政策对于反垄断法的影响，使政治因素在反垄断法的实施当中尽量弱化，从而保障所有国家具有同等的竞争竞技场，在各外国产品之间以及生产者之间创造一个平等的竞争环境。

在最惠国待遇原则的基础上可以进一步考虑实施国民待遇原则，即要求各国给予外国公民或者企业的待遇不得低于给予其国民的待遇。在竞争规则领域，也即是要求各国对国内限制竞争行为适用的规则和原则得立即并且无条件的适用于所有的跨国限制竞争案件。这一原则的结果就是各国对于同一限制竞争行为不得对外国竞争者采取比国内企业更严厉的制裁。如果国内企业的某些行为不被认为是违反竞争法的，那么外国竞争者的相同行为不得被视为构成限制竞争行为。反过来讲，这同时也意味着出口卡特尔不能豁免于国内法。国民待遇原则有助于破除各国竞争政策的地方保护主义。

（二）透明度原则

透明度原则包括三方面的内容：一是要求相关的反垄断法律、法规、规章在被实施之前必须予以正式公布。并且还应公布该法律法规的适用条件，尤其是豁免等例外规定，以及相应的救济措施。二是要求要求反垄断法实施国将含有涉外因素的案件处置情况通知有关的国家和地区，并将有关裁决予以公开。三是提供有关反垄断法实施新进展和新变化的信息，比如有关法律法规的修改和具有典型性意义的判例法的确立。四是针对反垄断法律解读问题应答有关私人、企业、国家和国际组织的咨询。透明度原则促使各国的反垄断政策和措施进一步法律化、规范化，不仅有利于这些政策和措施的公正合理的实施，而且可以为经济活动主体提供必要的信息。同时我们还应注意到，透明度原则的适用同样是有界限的，其不能被适用于商业秘密和保密信息。

（三）发展中国家特殊待遇原则

这一原则考虑到发展中国家与发达国家的现实差距，以及其执行反垄断法的实际能力。该原则有利于提升更多发展中国家参与反垄断法多边协作的积极性，同时为发展中国家的发展创造更为有利的条件。

具体而言，发展中国家特殊待遇原则是发展中国家在一定时期将反垄断目标服从于国家经济管理政策的一种特殊做法。特别是在市场经济不成熟时期，反垄断法无法保护本国民族企业的发展。一般而言，拥有最先进的法律的法的国家同时拥有在国际上最具有竞争力的大型企业，而这些企业又大多是在其国内反垄断法律体系产生或完善之前已经形成了规模。现在发达国家强烈要求发展中国家建立严厉的反垄断法，强求正在经历较低阶段的发展中国家达到同样的标准，这有违实质公平原则。

在发展中国家和发达国家分歧较大的竞争问题上，发展中国家特殊待遇原则可以起到很大的协调和平衡作用。其他三个原则在适用上具有绝对性，特殊待遇原则仅仅解决发展中国家的过渡性问题，在适用上具有相对性。根据该原则所引申出来的具体内容应该包括发展中国家享有特权的范围或者享受竞争法豁免的范围以及享有发达国家有关立法技术、专业人才等内容的援助和支持等。

（四）国际合作原则

国际反垄断法领域的另一项重要原则就是加强各国之间、国家和国际组织之间的国际合作。这种合作可以采用多种形式，包括在特定案件中的协作、分享信息、在技术和培训方面进行交流、建立非正式的联系等，通过这些合作促进反垄断法律的制定、反垄断机构的建设。实践证明促进反垄断法律和政策应用的国际合作已经带来了许多益处，通过国际合作，各国相互学习、借鉴他国的优秀法律制度，比如日本的反垄断法是以美国的反垄断法为蓝本制定，欧盟和美国的反垄断法律也相互影响，发展中国家的反垄断法律的制定在很大程度上也是借鉴欧、美的反垄断法律。通过国际合作，一方面各国的反垄断法律相互影响，另一方面也减少了各国反垄断法领域的法律冲突。在这一基础上，各国就个案的冲突减少，国际竞争秩序更加良好，将对各国给予国际合作的主权权力让渡予以主权利益上的回报。

二、机构设置

基于以上关于反垄断法多边协作机制的构想，构建这一机制的合适机构选择同样需要将灵活性和普及性作为考虑的重点。ICN 的机构形式恰好具有这一特点，可以作为借鉴的经验予以考虑。在国际多边协作机制新的专门机构尚未形成之时，ICN 可以作为一个暂时借用的平台。若这样做，从长远来看，随着多边协作机制的发展和复杂化，ICN 平台的作用可能出现以下新特点：

1. ICN 机构在横向上将大幅膨胀

ICN 日常所要处理的大量工作在于联系，包括与 WTO，OECD 等其他国际组织的联系、与众多会员国与非会员国的联系、沟通各会员国以及非会员国相互之间的联系等工作量很大的联系活动。其组织内部在开展大量虚拟活动的同时，主要的实体活动是召开定期集会，以便将全球范围所有负责改进和管理反垄断政策的相关者的建设性对话形成常态，促进各国的国内反垄断机构之间交换执法经验。机构目前将虚拟活动作为首要的活动方式，可以认为是年轻国际机构必经的发展过程，随着机构联络和会议逐渐形成定势，工作目标涉及的内容日益广泛，ICN 的活动必将更加实体化，其对于组织机构支持的需求也将要大得多，这就需要 ICN 的组织机构随着 ICN 的发展在横向上扩大。

2. ICN 机构在纵向上将走向精细化

虽然 ICN 的非正式性决定了其不需要正式的争端解决机制，而是以协商一致作为机构决策的主要原则，但如前所述，如果期望 ICN 实现包括非歧视性原则、透明度原则、发展中国家特殊待遇原则和国际合作原则中的内容要求，ICN 的机构运作必须在特定方面实现精细化的发展。以落实发展中国家特殊待遇原则为例，为了完成这一工作，ICN 有必要进行一些发达国家与发展中国家的牵线搭桥的工作。比如，从发达国家引入资金、设立援助发展中国家的专项基金、组织专业的工作人员为发展中国家的反垄断法律体系构建和完善进行专案指导。我们所强调的 ICN 的灵活性和非正式性是指在吸收最广泛意见和对不同的反垄断法有关意见进行处理方面，因为培养自然的反垄断文化并不需要强制性的“空降”意见。而在组织机构的工作和内部制度方面，就不能像专业意见交流那样不拘一格了。内部组织的精细化，才能将 ICN 对外不拘一格吸收来的意见进行有效的后期分析和利用，而这正是 ICN 最重要的工作和存在的意义。另外，ICN 制度精细化的一个重要内容在于技术上的优化，比如为发展中国家提供更多的专业问题翻译服务等。这也印证了 ICN 在横向上必须扩展拥有更多的具备专业性知识的人才专门致力于机构的研究和技术性服务工作。

值得注意的是，ICN 机构的最大特点就是高效率。这一特点不应在上述机构发展中丧失。如若 ICN 在机构发展中不是构建有益反垄断法国际多边协作的机制，而是出现了与 WTO 类似的体制化问题，ICN 的意义也就不复存在了。ICN 机构设计中，“平等参与”的基调不应改变，各种参与者应当在 ICN 内部保持平等的参与权。ICN 机构的精细化应该在提供更多的“服务”的基调上进行，而不应视为权力的增加。只有这样，才能保持 ICN 机构运转高效的特点和优势。

三、职能范围

对实施机构进行安排之后，应当完善确定反垄断法多边协作机构的职权范围。显然，多边协作机构不可能对所有的反垄断争议发表意见。在现有的务实的框架设想下，可以考虑下列工作范围：

（1）对各国的国内反垄断立法完善提出建议，在获得主权国家同意的基础上为他们的国内反垄断立法和执法机制建立和改革提供直接的指导。

（2）将非歧视原则和透明度原则的执行情况予以公开报告，并提出有关建议。

（3）为反垄断机构间的合作提供便利，并依据“积极礼让”消极礼让”原则，以及信息共享等一般原则为反垄断机构间的合作提出建议。

（4）促进各国反垄断法的协调统一，但必须对各国不同的反垄断法立法目标加以关注，而不是形成一个统一的定式思维。

（5）以非政府组织的身份对国际性的反垄断争端案件发表意见，促进反垄断法个案国际冲突的解决。

（6）鼓励各国间用技术支持和合作信赖代替对法律域外适用的使用。

第四节 结 论

反垄断法国际化发展迅速，整个 20 世纪发生了形形色色的变化。特别在全球化进程中，涉及国际因素的反垄断案件数量持续攀升。跨国卡特尔和国际合并案件正逐渐成为各国反垄断机构重要的工作内容。因此，本书旨在从法律、政治和历史的视角对反垄断法的国际冲突和协作问题进行研究。

在涉及国际因素的反垄断案件中，涉案的主体和信息往往属于不同国家的司法管辖范畴，通常只有通过各国反垄断机构高度的国际协作才能有效解决这些反垄断问题。然而，在价值因素和利益因素的影响下，除非是为了解决私有或公有企业的限制竞争行为，或者阻止外国公司进入国内市场等特定情况，反垄断机构间有效的国际协作未必能够带来丰硕的成果。一般情况下，国内反垄断法的域外适用会招来抗议，或者引发国际争端。当关键信息和证据属于外国司法管辖范畴时，反垄断法的域外适用实际没有什么效果。

国际反垄断问题和国际贸易相关的问题得以完美解决必须满足这样的条件：各国承认竞争的价值，采用有效的反垄断法保护竞争的价值。随着国际多边贸易规则的制定，前述条件的重要性史无前例的凸显出来。由于国内企业的垄断行为所造成的市场准入障碍不仅损害了行为国的福利，而且威胁到其他国家的合法利益，这种限制竞争行为引起人们广泛的关注。由于私人公司的限制竞争行为还可能受到国家权力的保护，公权力的介入使得情形进一步复杂化。在以上情形下，反垄断法与贸易政策的作用相辅相成，垄断行为实施地的反垄断法实效至关重要。

毋庸置疑，上述因素不仅促使反垄断法朝着国际化方向发展，而且有助于针对给国家间贸易和投资流动造成负面影响的垄断违法行为有力的反垄断法规制。到目前为止，各国及其反垄断各界在反垄断政策国际化方面所作的努力主要通过以下方式得以实现：缔结双边或区域性合作协定和有限程度的多边协作。多元化途径的反垄断法国际协作努力促成了一些反垄断法国际协作的阶段性成果。但是，上述协作方式各有不足，无法充分满足主权国家所希望的从更广泛的贸易自由收益，以及企业和消费者的反垄断需求点，构建反垄断法多边协作机制的目标，无法在广泛的国际主体当中达成共识。

综合考虑构建反垄断法多边协作机制的各种路径选择。以 CIN 为基础的灵活路径被认为是最符合反垄断法发展现状与趋势的最佳选择。其既能够满足反垄断法的多元价值需求和政策需求，又不会真正威胁各国的主权。在平等协商基础上建立的这样的框架能够保证不同国家间达成更广泛的共识，同时还能对已经在国际法的其他层面实现的反垄断法成果加以补充。这将增强资源和资本在全球经济中的自由流动，在促进全球化的同时，推动反垄断法向国际化、一体化发展。

此外，这些建议与其他国际机构组织多年来所提出的建议存在根本上的差异。反垄断法国际多边协作机构所提的建议可以成为国家或国际组织及相关利益群体促进反垄断政策国际化进程而公平合理地考虑各方利益及需要的行动指南。但其并不是多边协定的草案。正如本文第四章所探讨的，在协定草案成为实质性协定之前，其往往意义不大而且费时耗力。然而，反垄断法多边协作机构所进行的建议却能够现实地促进反垄断法的国际协作和国际统一。

参考文献

一、中文参考文献

（一）著作类

[1] 孟雁北．竞争法[M]．北京：中国人民大学出版社，2004.
[2] 邵建东．竞争法学[M]．北京：中国人民大学出版社，2009.
[3] 钟明钊．竞争法[M]．北京：法律出版社，2005.
[4] 钟明钊．竞争法[M]．北京：法律出版社，1997.
[5] 丁邦开．竞争法律制度[M]．南京：东南大学出版社，2003.
[6] 孙国华．法理学教程[M]．北京：中国人民大学出版社，1994.
[7] 张文显．法学基本范畴研究[M]．北京：中国政法大学出版社，1993.
[8] 卓泽渊．法的价值论[M]．北京：法律出版社，2006.
[9] 沈宗灵．法理学[M]．北京：高等教育出版社，1994.
[10] [日]金泽良雄．当代经济法（中文版）[M]．沈阳：辽宁人民出版社，1988.
[11] [德]格尔哈德・帕普克．知识、自由于秩序[M]．北京：中国社会科学出版社，2001.
[12] 戚聿东．中国经济运行中的垄断与竞争[M]．北京：人民出版社，2005.
[13] 赵杰．垄断的观念[M]．北京：人民出版社，2007.
[14] 曹士兵．反垄断法研究[M]．北京：法律出版社，1996.
[15] 尚明．主要国家（地区）反垄断法律汇编[M]．北京：法律出版社，2004.
[16] [德]瓦尔特・欧根．经济政策原理[M]．李道斌，译：上海人民出版社，2001.
[17] [美] 理查德・A．波斯纳．法律的经济分析[M]．蒋兆康，译．北京：中国大百科全书出版社，2009.
[18] [美]理查德・A．波斯纳．反托拉斯法[M]．孙秋宁，译．北京：中国政法大学出版社，2003.
[19] [英]F. A. 哈耶克．自由秩序原理[M]．邓正来，译．上海：三联书

店，1997.
[20] 付子堂．法理学进阶[M]．北京：法律出版社，2006.
[21] 卓泽渊．法的价值论[M]．北京：法律出版社，2006.
[22] 李永成．经济法人本主义论[M]．北京：法律出版社，2006.
[23] 钱满素．美国自由主义的历史变迁[M]．上海：三联书店，2006.
[24] 程卫东．中国竞争法立法探要——欧盟对我们的启示[M]．北京：社会科学文献出版社，2006.
[25] 布瑞恩·麦克唐纳．世界贸易体系——从乌拉圭回合谈起[M]．叶兴国，等，译：上海：上海人民出版社，2002.
[26] 国家工商行政管理局条法司．现代竞争法的理论与实践[M]．北京：法律出版社，1993.
[27] 罗昌发．国际贸易法[M]．台北：元照出版社，1996.
[28] 白树强．全球竞争论[M]．北京：中国社会科学出版社，2000.
[29] 罗昌发．贸易与竞争之法律互动[M]．北京：中国政法大学出版社，2003.
[30] 游钰．卡特尔规制制度研究[M]．北京：法律出版社，2006.
[31] [英]克拉潘．现代英国经济史（中卷）[M]．姚曾庐，译．北京：商务印书馆，1975.
[32] [美]托马斯·K．麦克劳：现代资本主义——三次工业革命中的成功者[M]．赵文书，肖锁章，译．南京：凤凰出版传媒集团，江苏人民出版社，2006.
[33] [美]E．吉尔霍恩，W．E．科瓦西克．反垄断法律与经济（英文第4版）[M]．北京：中国人民大学出版社，2001.
[34] [德]路德维希·艾哈德．来自竞争的繁荣[M]．祝世康，穆家骥，译．北京：商务印书馆，1983.
[35] 赖源河．公平交易法新论[M]．北京：中国政法大学出版社，2002.
[36] 吴小丁．反垄断与经济发展——日本竞争政策研究[M]．北京：商务印书馆，2006.
[37] 孔祥俊．反垄断法原理[M]．北京：中国法制出版社，2001.
[38] [日]后藤晃，铃村与太郎．日本的竞争政策[M]．东京：东京大学出版社，1999.
[39] 徐梅．日本的规制改革[M]．北京：中国经济出版社，2003.
[40] 刘宁元，司平平，林燕萍，等．国际反垄断法[M]．上海：上海人民

出版社，2002.
[41] 黄勇. 国际竞争法研究——竞争法实施中的国际冲突与国际合作[M]. 北京：中国友谊出版公司，2003.
[42] 董红故. 美国欧盟横向并购指南研究[M]. 北京：中国经济出版社，2007.
[43] 韩世坤. 二十世纪九十年代全球企业并购研究[M]. 北京：人民出版社，2002.
[44] 王中美. 美国反托拉斯法对兼并的规制[M]//梁慧星. 民商法论丛：第 35 卷. 北京：法律出版社，2006.
[45] 尚明. 主要国家（地区）反垄断法律汇编[M]. 北京：法律出版社，2004.
[46] 尚明. 中华人民共和国反垄断法理解与适用[M]. 北京：法律出版社，2007.
[47] 何之迈. 公平交易法专论[M]. 北京：中国政法大学出版社，2004.
[48] 黄勇，董灵. 反垄断法经典判例解析[M]. 北京：人民法院出版社，2002.
[49] 李国海. 反垄断法实施机制研究[M]. 北京：中国方正出版社，2006.
[50] [英]约翰·亚格纽. 竞争法[M]. 徐海，等，译. 南京：南京大学出版社，1992.
[51] [美]戴维·M. 沃克. 牛津法律大辞典[M]. 北京社会与科技发展研究所，译. 北京：光明日报出版社，1988.
[52] [奥]阿·菲德罗斯，等. 国际法[M]. 李浩培，译. 北京：商务印书馆，1981.
[53] [德]劳伦斯·奥本海. 国际法[M]. 石蒂，陈健，译. 北京：商务印书馆，1971.
[54] 周鲤生. 国际法[M]. 北京：商务印书馆，1981.
[55] 吕明瑜. 竞争法[M]. 北京：法律出版社，2004.
[56] 高菲. 论美国反托拉斯法及其域外适用[M]. 广州：中山大学出版社，1993.
[57] 王晓晔. 竞争法研究[M]. 北京：中国法制出版社，1999.
[58] 王晓晔，伊从宽. 竞争法与经济发展[M]. 北京：社会科学文献出版社，2003.
[59] [英]J. G. 斯塔克. 国际法导论[M]. 赵维田，译. 北京：法律出版

社，1984.
[60] 王铁崖. 国际法[M]. 北京：法律出版社，1995.
[61] [法]孟德斯鸠. 论法的精神（上册）[M]. 张雁探，译. 北京：商务印书馆，1961.
[62] [美]戴维·J. 格伯尔. 二十世纪欧洲的法律与竞争[M]. 冯克利，魏志梅，译. 北京：中国社会科学出版社，2004.
[63] 沈敏荣. 法律的不确定性[M]. 北京：法律出版社，2001.
[64] 张文显. 二十世纪西方法哲学思潮研究[M]. 北京：法律出版社，1996.
[65] [英]弗里德里希·玛·哈耶克. 经济、科学与政治——哈耶克思想精粹[M]. 玛克利，译. 南京：江苏人民出版社，2000.
[66] [美]杰里米·阿塔克，彼得·帕塞尔. 新美国经济史[M]. 北京：中国社会科学出版社，2000.
[67] 德怀特·杜蒙德. 现代美国[M]. 北京：商务印书馆，1984.
[68] 邱本. 自由竞争与秩序调控[M]. 北京：中国政法大学出版社，2001.
[69] 王传辉. 反垄断的经济学分析[M]. 北京：中国人民大学出版社，2004.
[70] 张强. 垄断与竞争——美国反托拉斯政策剖析[M]. 天津：南开大学出版社，1994.
[71] 王晓晔. 欧共体竞争法[M]. 北京：中国法制出版社，2001.
[72] [英]霍布豪斯. 自由主义[M]. 朱曾汶，译. 北京：商务印书馆，2005.
[73] 王晓晔. 经济全球化下竞争法的新发展[M]. 北京：社会科学文献出版社，2005.
[74] 马克思. 第六届莱茵省议会的辩论（第一篇论文）[M]. 马克思恩格斯全集》（第 1 卷），1995（2）.
[75] [美]施蒂格勒. 经济政策的目标[M]//库尔特·勒布，托马斯·盖尔·穆尔. 施蒂格勒论文精粹. 吴珠华，译. 北京：商务印书馆，1999.

（二）论文类

[1] 刘和平. 欧美并购控制法实体标准比较研究[J]. 法律科学，2005（1）.
[2] 王先林. 产业政策法初论[J]. 中国法学，2003（3）.
[3] 卢炯星. 论宏观经济法中产业调节法理论及体系的完善[J]. 政法论坛，2004（1）.
[4] 刘文华，张雪. 论产业法的地位[J]. 法学论坛，2001（1）.

[5] 吴宏伟．论竞争法的政策功能[J]．中国人民大学学报，2001（2）.
[6] 王健．产业政策法若干问题研究[J]．法律科学，2002（1）.
[7] 王先林．产业政策法初论[J]．中国法学，2003（3）
[8] 卢炯星．论宏观经济法中产业调节法理论及体系的完善[J]．政法论坛，2004（1）.
[9] 刘文华，张雪．论产业法的地位[J]．法学论坛，2001（6）.
[10] 林燕萍．从发展中国家的视角看中国《反垄断法》出台后的三大难题[J]．华东政法大学学报，2008（2）.
[11] 汪斌．经济全球化与当代产业政策转型——兼论中国产业政策的转型取向[J]．学术月刊（上海），2003（3）.
[12] 王晓晔．竞争政策优先——欧共体产业政策与竞争政策[J]．国际贸易，2001（10）.
[13] 王晓晔，陶正华．WTO 的竞争政策及其对中国的影响——兼论制定反垄断法的意义[J]．中国社会科学，2003（5）.
[14] 戴霞．WTO 框架下的国际竞争政策和中国竞争法制的完善[J]．现代法学，2003：12（162）.
[15] 郑鹏程．欧美反垄断法价值观探讨——兼评《中华人民共和国反垄断法》（草案）第 1 条[J]．法商研究，2007（1）.
[16] 吴宏伟，魏炜．论反垄断法的价值目标[J]．法学家，2005（3）.
[17] 王先林．论反垄断法的基本价值[J]．安徽大学学报，2002（11）.
[18] 李剑．论反垄断法的价值取向[J]．法制与社会发展，2008（1）.
[19] 郭跃．美国反垄断法价值取向的历史演变[J]．美国研究，2005（1）.
[20] 郑鹏程．欧美反垄断法价值观探讨[J]．法商研究，2007（1）.
[21] 郑鹏程，曾晶．政府在反垄断立法中的价值取向及其作用[J]．湖湘论坛，2008（1）.
[22] 黄勇．国际竞争法研究[D]．北京：对外经济贸易大学，2001（2）.
[23] 周昀．反垄断法论[D]．北京：中国政法大学，2001（3）.
[24] 莫于川．行政指导救济制度研究[J]．法学家，2004（5）.
[25] 参尚军，潘戈平．反垄断案败诉微软公司最心疼的还不是钱[J]．经济参考报，2007（9）.
[26] 谢光绎，徐国民．国家主权与反垄断法国际化研究[J]．山东社会科学，2009（10）.

[27] 漆多俊. 反垄断法研究中的全球视野与中国化命题——评李国海教授著《反垄断法实施机制研究》[J]. 河北法学，2008（2）.

[28] 郭立仕. 经济全球化与反垄断法的国际协调[J]. 华侨大学学报（哲学社科版），2005，9（2）.

[29] 沈吉利，胡玉婷. 欧美反垄断法域外适用趋势和我国的应对策略[J]. 太原理工大学学报（社会科学版），2003（12）.

[30] 潘丹丹. 反垄断法不确定性的意义追寻[D]. 长春：吉林大学，2010.

[31] 白艳. 欧美竞争法比较研究[D]. 北京：中国政法大学，2004.

（三）其他

[1] 蒋小红.共同体法律体系研究[EB/OL].[2017-03-12]中国法学网，http://www.iolaw.org.cn/paper/paper83.asp.

[2] 东盟-印度自贸分歧[EB/OL]. [2005-03-03]商务部网，http://sousuo.mofcom.gov.cn/query/queryDetail.jsp?articleid=20050300020733&query=%E4%B8%9C%E7%9B%9F+%E6%B3%B0%E5%9B%BD.

[3] 2003 年日本企业在东盟投资增加六成[EB/OL].[2004-03-26]商务部网，http://sousuo.mofcom.gov.cn/query/queryDetail.jsp? articleid=20040300200988&query=%E4%B8%9C%E7%9B%9F+%E6%B3%B0%E5%9B%BD.

[4] 东盟全球竞争力进一步提升[EB/OL].[2004-11-03]商务部网，http://sousuo.mofcom.gov.cn/query/queryDetail.jsp?articleid= 20041100299885& query=%E4%B8%9C%E7%9B%9F%E7%AB%9E%E4%BA%89.

[5] 泰国和东盟的机会和挑战，第 14 届东盟峰会[EB/OL].[2009-03-03]商务部网，http://finance.sina.com.cn/roll/20090303/12292705761. Shtml.

[6] 泰国商业部加紧修订竞争法[EB/OL].[2010-03-20]商务部网，http://sousuo.mofcom.gov.cn/query/queryDetail.jsp?articleid=20100306831234&query=%E4%B8%9C%E7%9B%9F%E7%AB%9E%E4%BA%89%E6%B3%95.

二、外文参考文献

（一）著作类

[1] MARK S LECLAIR. Cartelization, antitrust and globalization in the

US and Europe[M]. London, New York: Routledge, 2010.

[2] ANDREW T GUZMAN. Cooperation, comity, and competition policy[M]. New York: Oxford University Press, 2010.

[3] American Bar Association. International antitrust cooperation handbook[M]. Chicago: American Bar Association, Section of Antitrust Law, 2004.

[4] Morrison, A. Fundamentals of American Law[M]. Oxford: Oxford University Press, 1996.

[5] LIPSEY R, CHRYSTAL K. An introduction to positive economics[M]. Oxford: Oxford University Press, 1995.

[6] KHEMANI S.International trade policies: the Uruguay Round and beyond[M].Washington D. C.: IMF, 1994.

[7] JENKS C. A new world of law: a study of the creative imagination in international law[M].Harlow: Longman, 1969.

[8] HAYEK F. The road to Serfdom[M].Chicago: Chicago University Press, 1944.

[9] KERSE C. EC antitrust procedure[M]. London: Sweet & Maxwell, 1994.

[10] CORWIN D EDWARDS. The price discrimination law: a review of experience[M]. Washington D.C.: The Brookings Institution, 1959.

[11] HAWK B. United States, Common Market and International Antitrust: a comparative guide[M]. New York: Prentice-Hall Law and Business, 1993.

[12] PATRICK A GAUGHAN. Merger & Acquisitions[M]. New York: Harpler Collins Publishers, 1991.

[13] ROBERT H BORK. The antitrust paradox: a policy at war with itself [M]. New York: Basic Books, Inc. Publishers, 2004.

[14] JACKSON J. The jurisprudence of GATT and the WTO[M]. Cambridge: Cambridge University Press, 2000.

[15] HODGSON G. Economics and institutions[M]. Cambridge: Polity, 1988.

[16] PHILLIP AREEDA, DONALD F TURNER. Antitrust law: an analysis of antitrust principles and their application[M]. New York: Little,

Brown and C ompany, 1978.

[17] HINSLEY F. Sovereignty[M]. London: C. A. Watts, 1966.

[18] JENNINGS R WATTS A. Oppenheim's international law[M]. London: Longman, 1996.

[19] HERMANN A. Conflicts of national laws with international business activity: issues of extraterritoriality[M]. London: Howe Institute, 1982.

[20] JOSE RIVAS, MARGOT HORSPOOL.Modernisation and decentralisation of EC competition law[M]. Alphen aan den Rijn: Kluwer Law International, 2000.

[21] E IACOBUCC. The interdependence of trade and competition policies[M]. 21W. Comp. , 1997.

[22] HERBERT HOVEN. Federal antitrust policy:the law of competition and its practice[M]. 2nd ed.Eagan: West Publishing Co., 1999.

[23] CLIFFORD A JONES. Private enforcement of antitrust law in the EU, UK and USA[M]. Oxford: Oxford University Press, 1999.

[24] R WHISH, B SUFRIN. Competition law[M]. 3rd ed.Oxford: Butterworths, 1993.

[25] KEVIN KENNEDY. Competition law and the World Trade Organisation: the limits of multilateralism[M]. Cambridge:Sweet & Marwell Limited, 2001.

[26] American Bar Association. Report of the sections of antitrust law and international law and practice on the internationalization of competition law rules:coordination and convergence[M]. Chicago: American Bar Association,1999.

[27] ANDERSON J. The rise of the modern state[M]. Brighton:Wheatsheaf Books, 1986

[28] BENGOETXEA J. The legal reasoning of the European Court of Justice[M]. Oxford: Oxford University Press, 1993.

[29] CRAIG P, DE BURCA G. EU Law [M]. 3rd ed. Oxford: Oxford University Press, 2002.

[30] GERBER D. Law and competition in twentieth century Europe[M]. Oxford: Oxford University Press, 1998.

（二）论文类

[1] DAVID W BARNES. Non-efficiency goals in the Antitrust Law of Mergers[J]. Social Science and Electronic Publishing, 2006.

[2] ROBERT PANOFSKY. The political content of antitrust[J]. University of Pennsylvania Law Review,1979,1(127).

[3] ELEANOR M FOX. The politics of law and economics in judicial decision making antitrust as a window[J]. New York University Law Review,1986,(61).

[4] PETERSMANN E.Legal, economic and political objectives of national and international competition policies: constitutional functions of WTO "linking principles for trade and competition"[J]. New England Law Review, 1999.

[5] PETERSMANN E. International competition rules for the GATT-MTO world trade and legal system[J]. Journal of World Trade Law, 1993.

[6] AVERITT. The meaning of "unfair acts or practices" in Section 5 of the Federal Trade Commission Act[J]. Georgia Law Journal,1981,1(70).

[7] BLAKE, JONES. The goals of antitrust: a dialogue on policy[J]. Columbia Law Review, 1965(65).

[8] RICHARD HOFSTADTER. What happened to the antitrust movement? in the paranoid style in American politics[J]. American Journal of Comparative Law,1965.

[9] PHEDON NICOLAIDES. For a world competition authority: the role of competition policy in economic integration and the role of regional blocs in internationalizing competition policy[J]. Journal of World Trade, 1996.

[10] PETER D CAMESASCA, ROGER J VAN DEN BERGH. Achilles uncovered: revisiting the European Commission's 1997 market definition notice[J]. Antitrust Bulletin, 2002.

[11] ROBERT PITOFSKY. New definitions of relevant market and the assault on antitrust[J]. Columbia Law Review, 1990.

[12] THOMAS A PIRAINO JR. Reconciling the Per Se and Rule of Reason Approaches to antitrust analysis[J]. Southern California Law Review,

1991.

[13] VIJAY SV SELVAM. The EC merger control impasse: is there a solution to this predicament?[J]. European Competition Law Review, 2004.

[14] JOSEPH P GRIFFIN. Antitrust aspects of cross-border mergers and acquisitions[J]. European Competition Law Review, 1998.

[15] HOWARD ADLER, DAVID F LAING. Application of US Antitrust Laws to merger and joint vertures in a global economy[J]. European Business Law Review, 1997(3).

[16] JOSEPH P GRIFFIN. Foreign governmental reactions to US assertions of extraterritorial jurisdiction[J]. European Competition Law Review, 1998(2).

[17] DAVIDOW J. Extraterritorial antitrust and the concept of comity[J]. Journal of World Trade Law, 1981.

[18] GRIFFIN J. Possible resolutions of international disputes over enforcement of US Antitrust Law[J]. Stanford Journal of International Law, 1982.

[19] HUNTLEY A. The Protection of Trading Interests Act 1980: Some Jurisdictional Aspects of Enforcement of Antitrust Laws[J]. International and Comparative Law Quarterly, 1981.

[20] ELEANOR M FOX. Report of the task force of the ABA Section of Antitrust Law on the Competition Dimension of NAFTA[J]. ABA Antitrust Law Report, 1994.

[21] FAULL J. Effect on trade between member states and community: member states jurisdiction[J]. Fordham Corporate Law Institute, 1989.

[22] FEINBERG R.Economic coercion and economic sanctions: the expansion of United States' extraterritorial jurisdiction[J]. American University Law Review, 1981.

[23] FERNANDEZ ORDONEZ M. Enforcement by national authority of EC and member states' antitrust law[J]. Fordham Corporate Law Institute, 1993.

[24] ORLAND L. The paradox in Bork's antitrust paradox[J]. Cardozo Law Review, 1987.

[25] PAPAKRIVOPOULOS D. The role of competition law as an international trade remedy in the context of the World Trade Organization[J]. World Competition, 1999.

[26] PITOFSKY R. The political content of antitrust[J]. University of Pittsburgh Law Review, 1979.

[27] PITTNEY H. Sovereign compulsion and international antitrust: conflicting laws and separating power[J]. Columbia Journal of Trananational Law, 1987.

[28] AZCUENAGA M. The evolution of international competition policy: a FTC perspective[J]. Fordham Corporate Law Institute, 1992.

[29] BAER W. International antitrust policy[J]. Fordham Corporate Law Institute, 1998.

[30] BELLAMY C. How can we harmonize?[J]. New England Law Review, 1999.

[31] COLLINS W. The coming of age of EC competition policy[J]. Virginia Journal of International Law, 1992.

[32] DABBAH M CONDUCT. Dominance and abuse in"market relationship": analysis of some conceptual issues under Article 82 EC[J]. European Competition Law Review, 2000.

[33] DABBAH M. Measuring the success of a system of competition law: a preliminary view[J]. European Competition Law Review , 2000.

[34] FARMER S. Altering the balance between sovereignty and competition: the impact of Seminole Tribe on the Antitrust State Action Immunity Doctrine[J]. Ohio Northern University Law Review, 1997.

[35] FOX E. The merger regulation and its territorial reach: Gencor Ltd. v. Commission[J]. European Competition Law Review, 1999.

[36] FREDERICKSON A. A strategic approach to multi-Jurisdictional filings[J]. European Competition Law Review, 1999.

[37] HANNAY W. Transnational competition law aspects of mergers and acquisitions[J].Northwestern Journal of Intern-Ti-IL Law and Business, 2000.

[38] HARVERS M. Good fences make good neighbours: a discussion of problems concerning the exercise of jurisdiction[J]. International

Lawyer, 1983.

[39] HUDEC R. A WTO perspective on private anti-competitive behavior in world markets[J]. New England Law Review, 1999.

[40] IMMENGA U. Export cartels and voluntary export restraints between trade and competition policy[J]. Pacific Law and Policy Journal, 1995.

[41] KHEMANI S. Competition policy: an engine for growth[J]. Global Competition Review, 1997.

[42] LANDE R. Wealth transfers as the original and primary concern of antitrust: the efficiency interpretations challenged[J]. Harvard Law Review, 1982.

（三）其他

[1] The Standard Oil Company of New Jersey et al. v. The United States, 221 U. S. 1, (1911)[EB/OL].[2009-05-08].http: //www. antitrust cases. com/summaries/221us001.

[2] ASHBY JONES. Push to Undermine key scotus ruling gains steam in states[EB/OL].[2010-12-27]. http: //blogs.wsj.com/law/2010/12/22/push-to-undermine-key-high-court-antitrust-ruling-gains-steam-in-states/?KEYWORDS=antitrust+law.

[3] WILLIAN J KOLASKY. North Atlantic Competition Policy[C]. Converging Tom & The BIICL Second Annual International Comparative Law Conference, London, 2002-03-17.

[4] WILLIAN J KOLASKY. Antitust Compliance Programs the Government Perspective[C]. Corporate Compliance 2002 Conference of the Practising Law Institute, San Francisco, 2002-07-12.

[5] SIMON J EVENETT. Possible Provisions On The Hardcore Cartels In A Multilateral Framework On Competition Policy[EB/OL]. [2009-12-02]. http://www.worldinstitute.ch/research/WTO%20presentation%20on%20cartels%20in%20jamacia.ppt.

[6] ROBERT H LANDE. Wealth Transfers as the Original and Primary Concern of Antitrust: the EfficiencyInterpretationChallenged[EB/OL]. [2006-08-22].http: //web.lexis-nexis.com/universe/document?_m=c789e96f633c1c30a08c2fcd2b89e08a&_docnum=9&wchp=dGLbVlb-zSkVA&_

md5=2b60af32b2fbef308a11d23e4aaabd83.

[7] Government of Canada. Government Response to the Report of the House of Commons Standing Committee on Industry, Science and Technology, A Plan to Modernization Canada's Competition Regime[EB/OL]. [2002-10-01].http://www. icgcca/specialreports.

[8] Life After China's Antimonopoly Law: Foreign companies are discovering they might not be the law's prime targets after all[EB/OL] http://online.wsj.com/article/SB10001424052748704116004575 521374157928234.html? KEYWORDS = antitrust law.

[9] OECD. Recommendation of Council Concerning Effective Action against Hard Core Cartels, [C/M (98)7/PROV.][EB/OL].[2009-10-18]. http: //www.oecd.org/dataoecd/39/63/2752129.pdf.

[10] The International Competition Policy Advisory Committee, Final Report [EB/OL].[2005-07-07]. http: //www. usdoj. gov/atr/icpac/icpac. htm.

[11] Department of Justice.Antitrust Guide for International Operations [EB/OL].(1977-01-26).

[12] WILLIAM C HOLMES, DAWN E HOLMES. Antitrust Law Soucebook, for the United States and Europe[M/OL]. 2000 Edition.

[13] DORSEY D ELLIS. Extraterritorial criminal enforcement of US Antitrust Laws[C]. The International Conference "APEC Competition Policy and Economic Development", 2001.

[14] US Department of Justice. Press Release, Justice Department Asks European Communities to Investigate Possible Anticompetitive Conduct Affecting U.S Airlfines' Computer Reservation Systems[EB/OL]. (1997-04-28).

[15] JAY PIL CHOI, HEIKO GERLACH. Global Cartels, Leniency Programs and International Antitrust Cooperation, CESIFO WORKING PAPER NO. 3005[EB/OL]. [2011-01-01]. http: //www. cesifo.de/ DocCIDL/ cesifo1_wp3005.pdf.